大人の水泳

新装版

知っておきたい
上達&改善の
コツ**50** 角皆優人 著

MASTERS SWIMMING

はじめに

　この本を手にとっていただき、ほんとうにありがとうございます。この文章を読んで頂けたことで、あなたと著者であるわたしに、ひとつの絆が生まれました。それを感謝させてください。

　水泳は一生続けることのできるスポーツです。加えて、健康を維持するために最適なスポーツのひとつでもあります。わたし自身、他のスポーツで負った数々の怪我や故障から、水泳によって何度も癒された経験を持っています。

　マスターズ水泳の世界には世界チャンピオン松本弘さんのように、70才代になって生涯ベストを出され世界記録を塗りかえる方もいらっしゃいますし、80才代や90才代で記録更新を続ける方々もいらっしゃいます。それを実現させるためには、体力的な衰えを補う効率の良い動作と、衰えを理解した上での的確なトレーニングが必要になります。

　人間はいつになっても、できないことができるようになったり、自己記録を更新したりすることに純粋な喜びを感じるもの。そんな純粋な喜びを、みなさまにも感じて頂きたい。そのために少しでも力になれたなら、それは著者冥利に尽きることです。

　失敗から学ぶことも多いはずですから、失敗を恐れず、あきらめず、そして何よりも頑張りすぎず、楽しみながら、これからも泳ぎ続けてください。どこかのマスターズ会場で、みなさんにお会いできる日を楽しみにしています。

泳いで健康と喜びを
手に入れよう

水泳は理想的な全身運動です。しかも、水の浮力を使えるため、
足腰に問題を持つ方でも簡単に続けられるスポーツです。
泳ぎ方を工夫したなら、ほとんどの部位のリハビリ運動を兼ねることも可能です。
そんな水泳を続け、より健康に、より若々しく、
そしてより速く泳げるようになってみませんか。
じっくりと水泳に取り組み、人生後半の自己ベスト記録をねらってみてはいかがでしょう。

人類の故郷・水を利用し

ほんとうの健康と力を獲得する

上手に泳げるように
なるための
最短距離

1 できないところを知る

2 強化したいテクニックの
ページを開く

3 3つのツボを頭にたたき込む

4 練習を繰り返して
自分のものに！

本書の使い方

本書は最初から読み進めるべき解説書ではありません。各テクニックが見開き完結となっており、みなさんの知りたい習得したい項目を選んで、読み進めることができます。各テクニックは、それぞれ重要な3つの『効くツボ』で構成され、習得のポイントを分かりやすく解説しています。コツが分かるから覚えやすい。覚えやすいから身につきやすい。ぜひスーパーテクニック習得に役立ててください。

コツ No.

50項目のテクニックを掲載。すべてを自分のものにして、レベルアップ。

タイトル

具体的なタイトルで、身につけたい技術が一目瞭然。知りたいテクニックから読み進めよう。

本文

紹介しているコツの概要を説明している。テクニックを使用する場面などを整理しておく。

効くツボ

テクニックを3つのツボにして表現している。この「ツボ」さえおさえれば、テクニック修得はもう目前。

PART 1
重心と浮心

コツ No.

01
自分の重心と浮心を実感して
泳ぎにつながる浮き身を知る

ココが
改善

沈みがちで、呼吸が苦しい泳ぎを改善することができる。

肺があるから、誰でも浮く
上手に泳ぎたいなら
浮き身練習は必須

　水泳にとって非常に重要な要素を、浮き身練習で学ぶ。各泳法と同じように、浮き身練習にも終点はない。沈みがちな苦しい泳ぎを浮き身で見直そう。

　肺一杯に息を吸えば誰でも浮ける。まず、その実感だ。姿勢はともかく、息を吸ったら必ず体の一部が浮く。次に、重心と浮心を感じてみよう。沈もうとする体の中心と、浮こうとする中心を感じる。ダルマ浮きは、そのための良いトレーニングだ。

効く**ツボ**

1　肺に空気を入れて浮く
2　重心を感じてみる
3　浮心と重心で姿勢を変える

12

ココが改善

そのテクニックを修得することで、できないことができて、修正できなかった部分を直すことにもつながる。

効くツボ 1・2・3

3つのツボを詳しく、わかりやすく掲載している。しっかり身につけ、1日も早い修得を目指そう。

効く *Interpret* ツボ 解説

解説① 肺を広げて空気を吸い込んで体の中心を意識する

空気で肺を広げたなら、どんな姿勢であれ、人間は必ず水に浮くように作られている。なぜなら、人間の比重は 0.923 から 1.002 の間にあるからである。思い切り肺を広げれば比重は必ず 1 を割り、体の一部が浮くので、浮いた状態で体の中心を意識しよう。

解説② 沈もうとする体の中心を感じてみる

人間の体全体の比重で、もっとも重いのは骨で、2を超える。もっとも浮きやすいのは空気の入った肺だ。そのため、骨と筋肉の多い脚部が沈みやすくなる。そこで、体を伸ばしたり、丸くなったりして、体の浮き沈みを感じてみる。浮心と重心の関係を理解すれば、水中での正しい動きがわかる。

解説③ 浮く中心と沈む中心を鉛直上の軸に置く

もっとも浮きやすい肺の中心と、もっとも沈みやすい脚の中心を重力線上に置いたなら、人間は水中で静止する。もっとも簡単なやり方は、水中にまっすぐ立つことである。しかし、ふつうのプールでは深さが足りず、立って浮くことができない。そこで、脚部を少し抱え込み、自然に浮いてみよう。

Let's TRY!! 深呼吸して、浮いてみる

しっかり空気を肺に入れ、水中で動かず、どんな姿勢になるか試してみよう。どんな姿勢であれ、動きが止まるまでじっとしている。そうすれば、体がどう浮くのか、感じることができる。

弱点を克服!

鼻から水が入らないよう、面かぶりを十分にやってから練習しよう。水に親しんだ状態を作り、浮き身練習をはじめるとうまくいく。

弱点を克服!

掲載されている通りやってみても、なかなか上手くいかない。そんな時は、ここを読んでみよう。落ち入りやすいミスを掲載している。

Let's TRY!

掲載したテクニックを修得したら、さらなるレベルアップを図りたい。ここに掲載されている内容にもチャレンジだ。

パーツで見る基本の姿勢

その**1** 伏し浮き

クロール・バタフライ・平泳ぎでは伏し浮き姿勢が基本となる。
体の背面をできるだけ平らにし、背中から足まで均等に浮けることが大切だ。

［肩］

肩はできるだけ沈める
よう意識したい。

［頭］

頭は出しすぎないよう
注意したい。

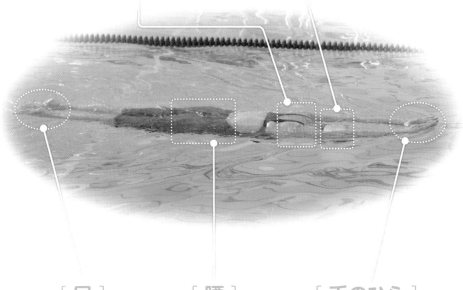

［足］

かかとが空気に触
れるくらいがちょう
どいい。

［腰］

お尻がわずかに空
中に出るくらいが
ちょうどいい。

［手のひら］

手のひらを空中に出す
と、足が上がりやすく
なる。

パーツで見る基本の姿勢

その2 背浮き

背泳ぎでは背浮き姿勢が基本となる。伏し浮きと同じだが、
背浮きでは体の前側を平らにし、均等に浮けることが大切になる。

［ 顔 ］

顔を出しすぎないよ
う注意したい。

［ 手のひら ］

手のひらを空中に出すと、
足が上がりやすくなる。

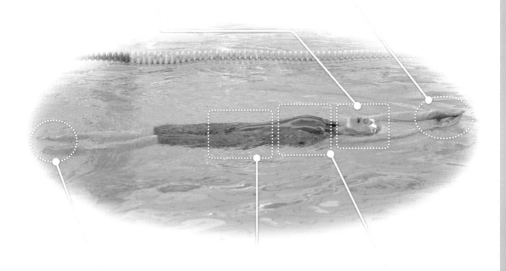

［ 足 ］

つま先を空気に触
れるくらいまで浮か
せてみよう。

［ 腰 ］

腰がわずかに空中
に出るくらいがちょ
うどいい。

［ 胸 ］

胸をできるだけ沈め
るよう意識したい。

CONTENTS

大人の水泳 新装版
知っておきたい
上達&改善のコツ50

※本書は2021年発行の『大人の水泳 知っておきたい上達&改善のコツ50 新版』の内容の確認と必要な修正を行い、装丁を変更して発行したものです。

PART
1
力をぬいて、水に体をゆだねる
浮き方の見直し・改善

PART
2
クロール・バタフライ・背泳ぎ・平泳ぎ
各種泳法

PART > **1.**

力を抜いて、水に体をゆだねる

浮き方の
見直し・改善

浮き身は水泳すべての基本となり基礎となる。
まず強靭な基礎を造り、
その上に個々の技術を育てていこう。

コツ No. 01 自分の重心と浮心を実感して

泳ぎにつながる浮き身を知る

肺があるから、誰でも浮く
上手に泳ぎたいなら浮き身練習は必須

水泳にとって非常に重要な要素を、浮き身練習で学ぶ。各泳法と同じように、浮き身練習にも終点はない。沈みがちな苦しい泳ぎを浮き身で見直そう。

肺一杯に息を吸えば誰でも浮ける。まず、その実感だ。姿勢はともかく、息を吸ったら必ず体の一部が浮く。次に、重心と浮心を感じてみよう。沈もうとする体の中心と、浮こうとする中心を感じる。ダルマ浮きは、そのための良いトレーニングだ。

 効くツボ

1 肺に空気を入れて浮く

2 重心を感じてみる

3 重心と浮心で姿勢を変える

解説 1 肺を広げて空気を吸い込んで 体の中心を意識する

空気で肺を広げたなら、どんな姿勢であれ、人間は必ず水に浮くように作られている。なぜなら、人間の比重は0.923から1.002の間にあるからである。思い切り肺を広げれば比重は必ず1を割り、体の一部が浮くので、浮いた状態で体の中心を意識してみよう。

解説 2 沈もうとする体の中心を 感じてみる

人間の体全体の比重で、もっとも重いのは骨で、2を超える。もっとも浮きやすいのは空気の入った肺だ。そのため、骨と筋肉の多い脚部が沈みやすくなる。そこで、体を伸ばしたり、丸くなったりして、体の浮き沈みを感じてみる。浮心と重心の関係を理解すれば、水中での正しい動きがわかる。

解説 3 浮く中心と沈む中心を 鉛直上の軸に置く

もっとも浮きやすい肺の中心と、もっとも沈みやすい脚の中心を重力線上に置いたなら、人間は水中で静止する。もっとも簡単なやり方は、水中にまっすぐ立つことである。しかし、ふつうのプールでは深さが足りず、立って浮くことができない。そこで、脚部を少し抱え込み、自然に浮いてみよう。

Let's TRY!! 深呼吸して、浮いてみる

しっかり空気を肺に入れ、水中で動かず、どんな姿勢になるか試してみよう。どんな姿勢であれ、動きが止まるまでじっとしている。そうすれば、体がどう浮くのか、感じることができる。

弱点を克服！

鼻から水が入らないよう、面かぶりを十分にやってから練習しよう。水に親しんだ状態を作り、浮き身練習をはじめるとうまくいく。

コツ No.

02

手のひらを 空中に出して
胸を平たくしてバランスをとる

＼ココが／
改善

脚が沈んでしまい、抵抗の多い泳ぎを改善することができる。

背浮きは 時間をかけて 練習するべき技術

　背浮きはもっとも基本となる浮きの一つだ。伏し浮きにくらべ、肩関節の柔らかさを必要としない分だけ、やさしい浮きともいえる。

　まず、肺に充分空気を入れて浮くこと。肺に空気が足りないと、全身が沈みやすい。次に、胸と頭を充分に水に沈めること。胸や頭が水上に出すぎると、体が沈んでしまう。最後に、沈もうとする脚を浮かせるため、わずかに手のひらを空中に出し、バランスをとることが必要だ。

効く**ツボ**

1 肺をふくらませて浮く

2 胸と頭を沈める

3 手でバランスをとる

解説 ① どこかを浮かせば、どこか沈む 全身を水面すれすれに沈める

人間の体は、どこかを沈めれば、どこかが浮き、どこかを浮かせれば、どこかが沈む。しかも、水中ではそんな作用反作用が少し遅れて表れる。そのため、背浮きをするときは、できるだけ全身を水に沈め、そこから水面すれすれに浮くといい。そうすると背浮きがやりやすくなる。

解説 ② 水から出ている体の体積を、 可能な限り小さくする

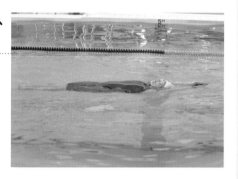

意図して頭や胸を水に沈めてみよう。できる限り体を水中に沈め、比重を落とすとうまくいく。頭の位置は、耳が沈み、ちょうどゴーグルの両側に喫水線が見えるくらいまで。胸や腹も水面すれすれまで沈めてみる。その状態で動かずに待っていると、しだいに全身が浮いてくるのを感じられる。

解説 ③ 手を空中に出して バランスをとる

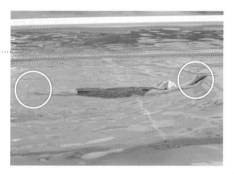

体脂肪率が高かったり、肺活量が多かったりすると、たいへん浮きやすい。ところが、筋肉質で肺の小さな人は、浮きづらく、脚が下がりやすい。そんな人は、意図的に手のひらを空中に出してみよう。手が空中に出るほど、手が下がり、そのカウンターバランスで、脚が上がってくる。

Let's TRY!! 船底型で浮いてみる

背中全体を船底型にすると、体の表側はまっすぐ平らになりやすい。そんな意識で、背浮きを練習しよう。陸上で床にうつ伏せになった姿勢で、床が水面と想像してみるといい。

弱点を 克服！

水から顔が出すぎていないだろうか。顔や頭のように比重の大きな部分が、水上にたくさん出ると、すぐに体全体が沈んでしまう。

コツ No. 03 全身を 引き伸ばして
リラックスして肩を沈める

ココが
＼ 改善 ／
脚や腰が落ち、
抵抗が大きい泳ぎを、
直すことが
できる。

伏し浮きは クロール、バタフライ、 平泳ぎの土台を作る

　伏し浮きは必ずマスターしよう。簡単ではないがじっくり取り組めば、誰でも習得できる技術である。まず背浮きと同じように、肺に充分空気を入れて浮くこと。次に両腕を前に伸ばすこと。脚が沈みやすい人は、手のひらを水から外に出し、バランスをとる必要がある。その時、肩関節が柔軟でないとうまくいかない。最後に、体全体を長く伸ばすこと。首や胴、腕や肩、腰や脚をリラックスさせ、長く伸ばして使おう。

効くツボ

1 肩関節の柔らかさが大切

2 筋肉をリラックスさせる

3 体を長く伸ばす

16

効く **ツボ** 解説
Interpret

解説 ① 手のひらを空中に出すためには肩の柔軟性が大切

筋肉質だったり、骨が太かったりと、比重の重い人は、伏し浮きが難しい。そんな人は前に伸ばした手を、水から外に出し、バランスをとる必要がある。その時、肩関節が硬いと、正しい姿勢をとることが難しい。伸ばした両腕が背中と直線になるように、普段から肩の柔軟体操を行おう。

解説 ② 伏し浮き姿勢で、筋肉をリラックスさせる

伏し浮きで浮けたなら、次にただ浮くのではなく、可能な限り全身の筋肉から力を抜き、リラックスして浮けるようにしたい。脱力して浮くためには、柔軟な肩関節が必要だ。力を入れなければ伏し浮きができないスイマーは、通常の泳ぎでも無駄な力を使うことになる。

解説 ③ できるだけ全身を伸ばして浮く

次に手先から足先までの距離が少しでも長くなるように、全身を引き伸ばす。両手を前に伸ばし、両腕と両肩を伸ばし、首を伸ばし、背中を伸ばし、腰や脚も思い切り伸ばす。これは、よい泳ぎを実現するだけでなく、腰痛などの障害防止にもなる大切な要素となる。

Let's TRY!! だるま浮きから伏し浮きへ

コツ No.1で試しただるま浮きから、ゆっくり手足を伸ばし、伏し浮きに移ってみよう。最初は脚を沈めたまま、背中を平らにし、両腕を伸ばしてみる。腕が前に伸びれば、脚は浮いてくる。

弱点を克服!

肩関節の一部が、数センチ以上も水から出ていないだろうか。肩が硬いと、腕が上がらず、肩甲骨の一部が水から外に出て、沈んでしまう。

コツ No.

04

手先から
足先までをまっすぐ

軸の通ったストリームラインを作る

水泳に大切な
ストリームラインを
蹴伸びで習得する

　泳ぎには加速する技術と、減速しない技術がある。蹴伸びができたら、減速しない技術を習得できる。距離を伸ばすには、浮きの技術も必要となるため、浮きにも磨きが掛かる。

　蹴伸びでは、まず蹴る位置が大切。浅すぎても深すぎてもいけない。水面下60から70センチくらいが目安だ。次に抵抗のない姿勢（ストリームライン）を作ること。最後に浮き身で距離を伸ばすことが大切である。

＼ココが／
改善
頑張れば頑張るほど、抵抗を増す泳ぎを矯正することができる。

効く**ツボ**

1 蹴る位置はやや深め

2 ストリームラインを作る

3 浮いて減速しても我慢する

効く **ツボ** 解説

Interpret

解説 1 造波抵抗を少なくするため、蹴る位置はやや深めがいい

蹴伸びで生じる抵抗には、水中の粘性抵抗と水面の造波抵抗の2種類がある。スピードが速ければ、水中を進む方が有利になり、遅ければ、水面を進む方が有利になる。それらを考慮すると壁を蹴る位置はやや深めがいい。水面下70センチくらいを目安にして、自分に最適な位置を探す。

解説 2 体型に合ったストリームラインを探し続ける

ストリームラインとは、抵抗の少ない姿勢を指す水泳用語である。減速要素を可能な限り減らすため、より優れたストリームラインをめざして、繰り返しトレーニングしたい。ストリームラインのイメージをつかむには、床に寝て両腕を伸ばし、仰向けになったり、うつ伏せになったりしてみるといい。

解説 3 減速し、止まりそうになっても、我慢して進んでみる

蹴伸びから伏し浮きとなり、止まってしまうほど減速しても、あきらめず進み続けてみよう。少しでも動いている間は我慢して浮き続ける。スピードのある間は姿勢を保ちやすいが、止まりそうになると脚が落ちたり、体がねじれたりしやすい。バランスを補正しながら進むことが大切だ。

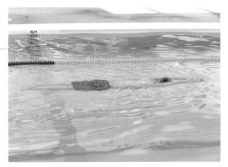

Let's TRY!! 蹴伸びでプールの半分

まず5メートルが目標だ。そこから10メートルをめざし、最終的にはプールの半分である12.5メートルを目標にしたい。浮きとストリームラインだけで、必ず到達できる距離だ。

弱点を克服！

蹴伸びがうまくできないときは、ためらわず伏し浮きに戻って練習しよう。確実な伏し浮きができれば、蹴伸びの距離は必ず伸びる。

コツ No.

05

浮上したら
短く息を吸い
空中に少し手を出すと距離が伸びる

ココが
\ 改善 /

抵抗の多い背泳ぎを
矯正し、効率のよい
泳ぎに変えることが
できる。

ふつうの蹴伸びと、背浮き蹴伸びの違いを理解する

コツ No.4 蹴伸びと、この背浮き（上向き）蹴伸びを行うと、ストリームラインを理解しやすくなる。ストリームラインを作る練習は、床に寝て行える。床の練習では体の一面だけが平らになるため、仰向け姿勢がふつうの蹴伸びに近く、うつ伏せ姿勢が背浮き蹴伸びに近い姿勢となる。しかし、最良の姿勢はそれらの中間にある。

背浮き蹴伸びは鼻から水が入りやすいので、わずかに息を吐くか、上唇で鼻を塞ぎながら練習する。

効くツボ

1 姿勢の違いを体感する

2 わずかに鼻から息を吐く

3 少しだけ手を出す

解説 1 姿勢の違いを知ることで、自分のバランス感覚を磨く

うつ伏せと仰向けの蹴伸びの違いを知り、それぞれのバランス感覚を磨く。背浮き蹴伸びでは肩の柔らかさが要求されない。そのため、バランスがとりやすく遠くに進めそうだが、息を吐いて苦しくなり、うまく進めない人も多い。どちらの蹴伸びでも、同じくらい進めるよう練習する。

解説 2 わずかに鼻から息を吐きながら蹴伸びする

鼻から水が入りやすい。そのため、水が入らないように息を吐いてしまい、息が続かなくなるスイマーも多い。上向きで壁を蹴るときは、意識して肺に空気を入れ、鼻から息を細く吐きながら蹴伸びしたい。もう1つのやり方として、写真のように上唇で鼻の穴を塞ぐ方法もおすすめだ。

解説 3 浮上したら少しだけ手を出してみる

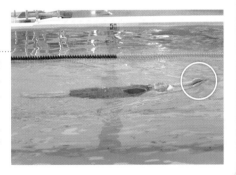

背浮き蹴伸びでは、鼻から水を吸わないよう、わずかに息を吐いて進む。そのため浮上した時、ふつうの蹴伸びより浮力を失っている場合が多い。そこで浮上したなら、短く息を吸い、少しだけ手のひらを空中に出してみよう。そうすれば脚が落ちず、フラットに浮けて、距離が伸びる。

Let's TRY!! 意識して反復練習

背泳ぎの選手でない限り、背浮き蹴伸びを練習するチャンスは少ない。そこで、月に一度くらい意識して時間を作り、背浮き蹴伸びをやってみよう。練習で経験を蓄積するのだ。

弱点を克服！

息を吐きすぎていないだろうか。鼻から水が入るのを嫌って、息を吐きすぎると浮力を失い、脚ばかりか全身が沈んでしまう。

定期的に泳ぐようになって
冷え性が治り、ヒジや腰の
痛みもなくなりました

By　角皆美穂

　今まで水泳をやってきて一番感じるのは、水の中に入るだけで、体に触れる水がとても心地良いということ。そして、水に入っているだけで心癒され、ストレスも解消されます。

　以前から冷え性がひどく、夏でも手足が冷たいことが多かったのですが、定期的に泳ぐようになると、冷え性が改善され、風邪もひかなくなりました。

　幼い頃から、わたしはスキーが好きで、シーズンともなれば休みのたびに滑りに行く日々。仕事が遅番の日なら、朝だけでも滑るので、スキーをした後は脚がパンパンになり、腰が痛くなることもしばしば。ですが、スキーの後にゆったり泳ぐと、驚くほど脚が軽くなり、腰の痛みも起こりません。水泳の仕事をする前の私はソフトボールの選手だったので、ヒジや腰に故障が多かったのですが、それも水泳をするようになると改善され、楽しく毎日の生活を送れるようになりました。

　今は水泳を仕事にしていることもあり、お客様からも「泳ぐとよく眠れる」とか「肩こりがよくなった」という言葉をいただきます。

　マスターズの試合ではまだまだ良いタイムはでないけれど、いつかタイムも上げたいと思うような欲も出てきました。

　健康で生き生きと生活するためにも、いつまでも楽しみながら、泳ぎ続けていきたいと思っています。

PART 2.

クロール・バタフライ・背泳ぎ・平泳ぎ
各種泳法

各泳法を泳ぐことで、自分のスタイルワン泳法への理解が深まり、
水泳技術全般が洗練され、向上する。

コツNo.

06

泳ぐ距離で キック数が決まる

短距離は6ビート、長距離なら2ビート

ココが
＼ 改善 ／
スプリントで力を
だし切れなかったり、
ロングで浮いて
しまったりしない。

泳ぐ距離に 応じたキック数を 選択する

　クロールには３種類の ビート数がある。両腕をか く間に足を交互に１回ずつ 動かし、合計**２回打つも の**、**４回打つもの**、**６回 打つもの**である。

　キックの主動筋となる大 腿四頭筋は、人体で最大の 筋肉である。そのため、使 えば使うほど心拍数が上が り、体力の消耗が激しくな る。そこでスピードを求め られる短距離なら6ビート、 持久力を求められる長距離 なら2ビートを選択する。4 ビートは変則的な動きにな るため、本書では扱わない。

効くツボ

1 2ビートは疲れない

2 6ビートは速い

3 キックはスクリュー

解説 1 2ビートは疲れない 長く泳ぐなら、伏し浮き姿勢

長距離用の2ビートで泳ぐ場合には、できるだけ体を水平にすることを大切にしたい。キックで足を浮かせ、可能な限り水の抵抗を減らすのだ。キックのタイミングは、手の入水に合わせ対角線上の足を打つように意識するか、もしくはプル時、同じ側の足を打つように意識するといい。

解説 2 トップスピードで 泳ぎたいなら6ビート

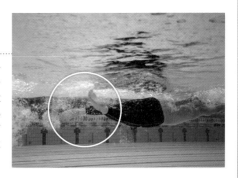

速く泳ぎたいなら、小刻みで力強い6ビートを心がける。キックの打ち幅が、体の一番厚い胸の幅くらいにイメージして動かすといい。キック幅が広すぎると、抵抗となる場合もあるので要注意。キックは膝から打たず、太もものつけ根から始動し、最後に足の甲で水を後ろに押すように。

解説 3 スクリューのように キックで体を押す

あたかもボートのスクリューのように、キックで体を前に押し出して泳ぐ。また、キックする両足が、胴体と共に左右にローリングしながら動いているのを感じることも重要である。スピードが遅ければ、ローリング角は大きくなり、スピードが増すほど、ローリング角は少なくなる。

Let's TRY!! キックだけで進んでみる

ビート板を持ってキックしてみよう。どのくらい速く、かつ楽に進めるだろうか。ビート板を持たない横向きのサイドキックや、水中をバタ足だけで進む練習にもトライしよう。

弱点を克服！

歩くような2ビートで泳いでみよう。水に浮き、両腕と両足を開き、×印の姿勢を作り、対角線上の手足を同時に動かすところから始めるといい。

コツ No.

07

腕の位置でバランスが決まる

両腕が前にある時間を長くして泳ぐ

ココが
＼改善／
かけばかくほど
もがきやすい
クロールに、合理的な
推進力を与える。

両腕が前にあるほど、抵抗の少ない姿勢が可能になる

クロールの大切な技術にグライドがある。それは入水した手を水中で前に伸ばし、もう片方の手が戻ってくるのを、しばし待つ技術である。両腕が交互に対称をなして旋回するのではなく、前の手が、もう片手を待つ「間」が高い効率を生む。理由は、腕が前にあればあるほど、フラットな浮き身姿勢が可能になり、抵抗が減るからだ。

こうした泳ぎをフロント・クワッドラント（回転弧の前方4分の1）スイムと呼ぶ。

効くツボ

1 入水した腕を伸ばしきる

2 グライドが効率を高める

3 両肩の切り替えを素早く

効く ツボ 解説
Interpret

解説 ① 入水した腕を完全に伸ばしきる

入水した手を、そのまま前方の水面下 20 センチくらいに向かって伸ばしていく。体がストレッチされるまで伸ばし、肩甲骨が前方向に動く意識を持てるところまで練習したい。伸ばす側全体がプールの床側に落ち、体軸がねじれたり曲がったりすることなく、ローリングできるようにする。

解説 ② グライドが効率よい泳ぎを可能にする

伸ばした腕が水面下でしばし静止。その間にリカバリーする手が戻ってくる。よくトレーニングでおこなうキャッチアップ・クロールとは異なり、リカバリー側の手が、顔の前を通過するあたりで、かき始めることが大切である。理由は、両肩が水の抵抗となる時間をなるべく少なくするためである。

解説 ③ 両肩の切り替えを素早くすると抵抗が減る

前方に伸ばした手がかき始めると、次の手が入水してくる。この時、入水側の肩が沈み、かいている側の肩がプッシュと同時に浮かび上がる。この素早い切り替えが大切だ。肩が水平でいる時間を短くするように切り替える。そうすれば、肩による水の抵抗を最小限に押さえられる。

Let's TRY!!
サイドからサイドへ切り替える

体を真横にしたクロールで泳いでみよう。腕を前方に伸ばし、伸ばした側の体全体を下にし、まるでサイドキックのような姿勢から、反対側に切り替えるのだ。

弱点を 克服！

まず、浮き身姿勢がしっかり取れているかどうかをチェックする。浮き身ができているなら、34ページで練習するサイドキックにトライしよう。

コツ No.

08

腕全体を使って水をかく

水中でエルボーアップする

ココが
＼改善／

ヒジを立て、腕全体でかくことで、ヒジから引いてしまう失敗が直る。

手のひらでかこうとせず、腕全体でかく感覚を掴む

　水泳のかきは、水をとらえるキャッチ、水をかくプル、水を押すプッシュの3局面に分けられる。大きな推進力が得られるのはプルとプッシュであるが、両者は**確実なキャッチがあってこそ実現**できる。

　腕を伸ばしてキャッチ。そこからヒジを立てながらプルに入る。体の下側を腕全体でかき、水を太ももの方に押すようにプッシュ。手の軌跡はあまり意識せず、体軸を崩さないようかくことが大切だ。

効くツボ

1 手のひらプラス腕でかく
2 ヒジを高い位置にキープする
3 体の真下をかく

解説 1 手のひらだけでなく、腕全体を使って水をかく

腕全体を使って水をかくには、水を感じる感覚が大切。腕を伸ばしたキャッチから、まずヒジを立て、ヒジ下全体に水の抵抗を感じてみる。プルで腕を下げていくに従い、腕全体で水をとらえられるように。腕の感覚を研ぎ澄ますには、後述するスカーリングドリルが有効なトレーニングだ。

解説 2 ヒジを高い位置にキープする

腕を前に伸ばしたキャッチポジションから、強く水をかこうとすると、骨格筋の働きにより、どうしてもヒジから腕を引きやすくなる。しかし、ヒジを引くと少ない水しかとらえることができない。そこで、キャッチからプルに入るとき、可能な限りヒジを残して、手のひらを下に落とすようにかく。

解説 3 泳いでいる体の真下をかく

どこをかくかを、次のイメージからつかんで欲しい。まず、泳いでいる体の真上から強く太陽が照らしていると想像する。次に光りを遮る自分の体が、プールの底に影を作る。かくのは、その影の中だ。スプリントレースでは深めに、長距離ではやや浅めにかくとよいタイムにつながる。

Let's TRY!! プッシュが腕を前方に回す

プッシュのエネルギーを、そのまま腕の回転運動として使い、腕を前方にもどしてみる。そのために後方に水を押す最後で、腕を伸びきらせない。少しだけヒジを曲げて、抜き出すのだ。

弱点を克服！

手のひらに力が入りすぎていないかチェックしてみよう。指は適度にリラックス。指先にわずかな隙間があってもいいし、親指が離れていてもいい。

コツ No.

09

軸の回転で
スピードアップ

ローテーションで効率を高める

\ ココが /
改善
ローテーションで、キックとプルにつながりが生まれる。

効率のよい
クロールは
体全体の回転から

　頭から足を貫く縦軸が左右へ回転するローテーションという運動がある。入水時、入水する手から足に至る側面が下に落ち、プルでフラットになり、プッシュと共に上にあがる。こうした運動は肩だけの回転になりやすい。腰を含めた全身で動かそう。**肩と腰が連動**して動けば動くほど推進力になるからだ。体の両サイド、つまり右と左の側面に２本の軸を意識し、それらが交互に上下するイメージで。

効く**ツボ**

1 入水時に肩を落とす

2 プッシュで肩を引き上げる

3 腰と肩の連動で強さを増す

解説 ① 入水時すばやく体全体を落としてローテーションする

右手が入水する直前まで、右の体側は水の上を向いている。そこから右手の入水と共に、右の体側が素早く下側に落ちる。入水の勢いを利用し、素早く、かつ滑らかに切り替える。胴体部分に軽く力を入れてコアを効かせ、肩だけの運動にせず、肩と腰が連動するように注意したい。

解説 ② プッシュと同時に、体全体をローテーションさせる

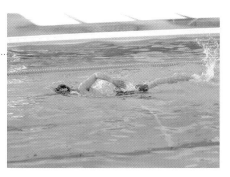

プッシュから、腕を引き上げる時、肩と腰を同時に回転させるようにする。これはプッシュが水を押すだけの直線運動でなく、回転する円運動の一部だからである。その慣性はローテーションから生まれる。力強いプッシュが、そのまま腕を前方へ回す運動へとつながるのだ。

解説 ③ 腰と肩の連動が全身の強さを増す

クロールのリズムはローテーションから生まれる。軸の回転がリズムを生み、キックを活かす。そのため肩と腰をつなぐ体幹部が要となる。重要なのは、体幹部を伸ばすようにつなぐこと。伸ばしながら固めたなら、より大きなストロークが生まれ、腰痛も防ぐことができる。

Let's TRY!! 2ビートで泳いでみる

全身が一体となって回転するローテーション動作は、2ビートクロールを泳ぐと実感しやすい。正確な6ビートを学ぶためにも、2ビートが有効なので、ぜひマスターしておきたい。

弱点を克服!

スイマーの多くが、肩にはローテーションの意識を持つが、腰への意識は薄いといえる。そこで、意図的に腰の回転だけを意識して泳いでみる。

コツ No.

10 ローテーションを意識して

体軸の回転を利用して呼吸する

ココが
＼改善／
浮き身のバランスを
崩し、抵抗を生む
呼吸から、滑らかで
速い呼吸へ。

呼吸は顔を上げたり回したりせず、軸の回転を利用する

　呼吸は泳ぎをスピードアップさせる大切なポイントの一つである。鍵は、**呼吸時に体軸を変化させないこと**。

　呼吸で顔を回したり、頭を上げたりすると軸を崩しやすい。そこで体軸全体のローテーションを意識して、全身の回転で呼吸することが大切だ。ゴーグルが半分水に入ったままのポジションが理想的である。スピードアップしたなら、喫水線より下にエアポケットができる。それを利用すれば、水面下でも、楽に呼吸できる。

効くツボ

1 顔を回してはいけない

2 頭を上げてはいけない

3 エアポケットを利用する

効く ツボ 解説
Interpret

解説 1 必要以上に 顔を回転させない

必要以上に顔を回転させると、体軸がねじれたり曲がったりしやすい。そこで、注意して首をまっすぐに伸ばし、首から顔を回すことをできる限り止め、全身の回転で呼吸する。かき手がプルからプッシュに入るタイミングで全身が回転をはじめ、腕を抜くタイミングで呼吸するように意識する。

解説 2 頭全体を水に押しつける ように呼吸する

顔を回すのと同じく、頭が上がってしまう呼吸も多くみられる。頭を上げると、浮き身バランスが崩れ、足が落ち、抵抗を増してしまう。そこで、頭を水に押しつけ、体軸の回転で呼吸しよう。キャッチのため伸ばされた腕に、下側の耳を押しつけるように呼吸するのだ。

解説 3 スピードアップすれば口の 周りにエアポケットができる

スピードアップして泳ぐと、水を切り分ける頭の回りにエアポケットができる。喫水線より低い位置に空気の層ができ、それを利用して呼吸することが可能になる。速く泳げば泳ぐほど、エアポケットは大きくなる。そのため体軸を回転させ、口を開けば、すでに呼吸ができる状態となる。

Let's TRY!! 気をつけ姿勢でキック

両腕を体側につけ、気をつけ姿勢をとり、キックだけで進んでみよう。慣れてきたら、その姿勢で左右に90度ずつ軸を回転させ、横向き姿勢で呼吸してみよう。

弱点を克服!

呼吸のタイミングを見直してみよう。呼吸は、かき手のプッシュと合わせるとスムーズになる。プッシュで体軸を回転させ、呼吸するとうまくいく。

コツ No.

11

3つのドリルで キックを磨く

キックの強化で泳ぎを安定させる

\ココが／
改善
体軸がぶれたり、
曲がったりする欠点は、
キックを強化すれば
直る。

キックは推進力と バランスの 両方を司っている

　3種類のドリルにトライ しよう。まずはビート板を 持った**板キック**。基本的 技術を学ぶと同時に、心肺 機能を高められる。

　次に**サイドキック**。ク ロールの脚は左右に回転し ながらキックする。そのた め最初から横向き姿勢とな り、バランスと呼吸の両者 に磨きをかける。

　最後に**片足キック**。片 足の力を抜き軽く伸ばし、 もう一方の脚だけでキック する。筋力アップとメカニ ズムの両者を向上させるト レーニングである。

効く**ツボ**

1 キックにパワーをつける

2 バランスを磨く

3 推進力を増す

解説 1 板キックで基本を学び、キックにパワーをつける

ビート板

ビート板を持つと、体が反ってしまう人が多い。そこで、まずストリームラインを意識し、キックで進んでみる。次に打ち幅を感じながら、できるだけ効率よく、小刻みに打てるよう練習する。キックはヒザから下で打たず、太もものつけ根から打ち始め、水を叩くのでなく、押しやるようにしたい。

解説 2 サイドキックでバランスと呼吸を極める

ローテーション時の姿勢で、下側の手を前に伸ばし、キックだけで進んでみる。この姿勢でバランスを保ち、楽に呼吸できるなら、よいクロールに直結する。バランスが取れても呼吸が苦手な人、呼吸ができても推進力のない人など、欠点や自分の個性が理解できるドリルでもある。

解説 3 片足キックで筋パワーを増し、技術を高める

ビート板を持ち、片足だけでキックする。その時、片足は力を抜き、水面と平行に伸ばしておく。片足で確実に水を押す正確な技術を磨くことができるのみならず、方向のコントロールなど、脚に要求される微妙なテクニックも身につけることができる。スピードを出したら、筋トレにもなる。

Let's TRY!! 多様なドリルをやってみる

上達するにつれ、ここに紹介したドリルだけでなく、他のドリルもやってみよう。ドリルの目的を理解し、自分に必要なものを選択し、練習に組み入れてみよう。

弱点を克服！

キックが苦手な人には、足首の硬い人や足の小さな人が多い。足の大きさは変えられないが、柔軟性は高められる。足首のストレッチを忘れずに。

コツ No.

12

プルを磨く
三種類のドリルで
効率的なスピードアップを図る

プルは
スピードを生む
原動力である

プルは推進力の根源である。キックがスタイルを創るなら、プルはスピードを創るといえる。3種類のドリルトレーニングで、泳速アップをめざしたい。

まずはプルブイを使用した基本的なプル練習。両太ももの間にブイを挟み、腕だけで泳ぐ。次に、片腕だけで泳ぐ。片手を前に伸ばしたスタイルと、気をつけスタイルの両方をやってみよう。スカーリングは手の感覚をつかむため、有効なトレーニングである。

効くツボ

1 プルブイで泳ぐ

2 片腕で泳いでみる

3 スカーリングで感覚を磨く

解説 ① プルブイを使って 腕だけで泳いでみる

太ももの間にプルブイを挟み、腕だけで泳いでみる。最初は伏し浮きとストリームラインを意識しよう。次にローテーションを意識し、プッシュとローテーションのタイミングを合わせること。最後に水のかきに集中し、より大きな推進力を得られるようヒジを立てて水をかいてみよう。

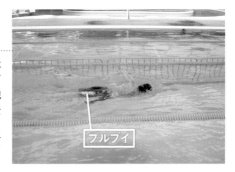

プルブイ

解説 ② 片腕だけで泳ぎ、 腕の動きとかきを強化する

片腕だけで泳ぐトレーニングは、プル技術の向上に効果がある。まず片手を前に伸ばし、かく側で呼吸して泳ぐ。次に手を体側に置いて泳ぐ。この時、かき手側と反対側の両サイドで呼吸できるようトレーニングすると良い。また、全身を左右均等にローテーションさせて泳ぐことも大切だ。

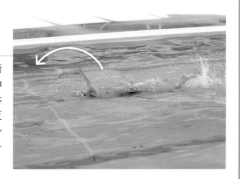

解説 ③ 手を艪のように動かして進む スカーリングで感覚を磨く

プルの動作はボートにおけるパドルに似た運動である。いっぽうスカーリングは、渡し船の艪のような運動となる。パドルにくらべ櫓は、力を必要としないが、より繊細な感覚が必要だ。手のひらの微妙な角度で水をとらえ、無駄のないキャッチと効率のよいプルを実現しよう。

Let's TRY!!
さまざまなプルで泳ぐ

プルのトレーニングは無限にある。よく使われるのは、プルブイを使用しないで行うプルトレーニングだ。泳速を増したいなら、日々のトレーニングに数種類のプルトレーニングを取り入れてみよう。

弱点を克服!

ストリームラインと浮き身がうまいスイマーなら、プルは簡単にできる。まず、姿勢をチェックする。サイドキックのドリルが助けになる場合も多い。

コツ No.

13

大きく泳ぐための
3つのチップ

3つのトライで泳ぎの効率を高める

より大きく、効率よく、速く泳ぐために

腕の回転を上げると、泳ぎは小さくなりやすい。そこで、ピッチを上げても、可能な限り**ストローク数を増やさない**トレーニングが大切になる。

まず、1かきで進む距離を増やすため、腕を伸ばしたリカバリーで泳いでみる。次に入水の手を伸ばし、グライドを長くとって泳ぐ。リカバリー側の手が顔を通過する所まで待ち、かき始める。最後に水を直線的にかく。体の真下を、軌跡が直線になるよう、やや深めにかくといい。

効く**ツボ**

1 腕を伸ばして大きく泳ぐ

2 グライドを意識して泳ぐ

3 水を直線的にかく

解説 1 腕を伸ばしたリカバリーで 泳げば、進む距離が長くなる

1かきで進む距離を伸ばせたなら、泳ぎの効率を上げることができる。DPS（1ストロークあたりの進む距離）を伸ばすトレーニングとして、ストレートアームのクロールが効果的だ。まるで背泳ぎのリカバリーのように、ヒジを伸ばし、まっすぐな腕を回転させて、泳いでみよう。

解説 2 腕を前に伸ばした姿勢を、 できるだけ長くとって泳ぐ

入水した手を前に伸ばし、待っている時間をグライドと呼ぶ。この時間を長く取れば、DPSが増す。ただし、腕を伸ばして動きを止めてしまうのではなく、反対の手がプッシュの慣性をいかし、円運動を続け、戻ってくることが大切である。リカバリーの手が顔のあたりに来たら、かき始めるとよい。

解説 3 水をかく手の軌跡を、でき るだけストレートにしてみる

ゆっくり泳いだなら、どんな選手でも手のかきが描く軌跡は、S字となる。そこからスピードアップするに従い、しだいに直線的になるのがふつうである。そこで、意図的にスピードを出し、体の真下を直線的にかいてみよう。ヒジを軽く曲げる程度でかくとうまくいく。

Let's TRY!! ストローク数を数える

25メートルを泳ぎ、ストローク数を数えてみよう。世界的な選手で11回程度。ふつうなら14回から20回くらいになるはずだ。ストローク数をできるだけ減らすようにして泳いでみる。

弱点を克服！

泳ぎの効率が悪いと感じたなら、浮き身姿勢を再チェックしてみる。足が沈んでいたり、体が曲がっていたりすると大きな抵抗を生んでしまう。

コツ No.

14

バタフライは
リズムで泳ぐ
重心を前方へ移動する

\ ココが /
改善
力まかせのバタフライ
から、リズミックで、
速度の速い
バタフライへ。

バタフライは
リズム
ストロークである

バタフライは力がいる。伏し浮きや背浮きができれば泳げる他種目と異なり、両腕を一気にかききるには、それなりの力が必要だ。しかし、バタフライこそ力で泳いではいけない。**力任せのバタフライほど、エネルギーを浪費する**種目はない。

バタフライにもっとも要求されるのはリズムである。全身がリズミックに律動し、浅いうねりのなかで、ストロークとタイミングの合ったキックが要求される。

効く**ツボ**

1 リズミックに泳ぐ

2 うねりを推進力に

3 できる限りフラットに

効くツボ Interpret 解説

解説 1 バタフライは リズムストローク

バタフライでは、上半身がワンストロークする間に、ふつう下半身が2回のキックを打つ。そのストロークとキックのタイミングを合わせること。そして、ストロークとキックが全身のうねりと調和すること。運動がうねりを躍動させるよう行われることが大切である。

解説 2 うねりの幅を 小さくして泳ぐ

うねりが大きくなると、エネルギーが上下動に使われて、速く泳ぐことが難しくなる。タイムを上げようとするなら、可能な限り浅く、小さなうねりで泳ぐようにしたい。そのために必要なことは入水時、手の位置を落としすぎないこと。加えて、腰の上下動を抑えることである。

解説 3 浅いうねりで 上下動を抑えて泳ぐ

バタフライは呼吸時、上半身が立ちやすい泳ぎといえる。顔を上げる動作だけでなく、空中で両腕を回転させるリカバリーも、プッシュで上半身を起こす原因となり、上下動を大きくしがちである。上下動を抑えて体を水面下に保ち、できるだけ浅いうねりで、ぬうように泳ごう。

Let's TRY!! ストロークとキックの調和

入水時に第一キックを打ち、そこでいったん胸を張るように体を伸ばすとうまくいく。第二キックに合わせてプッシュ。ストロークとキックを合わせることが大切だ。

弱点を克服!

腰を曲げすぎていないだろうか。ゆったりしたリズムに合わせたり、極端にゆっくり泳いだりすると、腰の上下動が大きくなり、体全体が沈んでしまう。

コツ No.

15

腕の円運動と
重心移動で進む

腕の回転運動を利用する

ココが
＼ 改善 ／
疲れるばかりで
スピードの上がらない
プルを矯正
できる。

力強く、
かつ繊細なプルで
大きく進む

バタフライのプルはダイナミックな運動だ。その特徴は、両手同時のかきと空中リカバリーである。

まず入水時、**腕をしっかり前に伸ばす**こと。肩甲骨を前に伸ばし、手の位置を落とさず、クロールのようにキャッチすることがポイントだ。水をとらえたなら、体の下をまっすぐにかき、プッシュの後半で小指側から抜く。プッシュの勢いを利用して腕を回転させ、エネルギーの方向を、前に変えてやることでスムーズな泳ぎが可能になる。

効くツボ

1 進行方向に伸びるキャッチ

2 プルはストレートにかく

3 円運動でリカバリー

解説 1 手を思い切り前に伸ばしながらキャッチポイントへ

入水時、両腕は肩幅、手はフラットに、親指でも小指でもなく中指からさすようにする。浅い角度で水に入ったら、思い切り手を伸ばし、伸ばした手に全体重を乗せるように重心移動することが大切だ。手を水面下10数センチに残したまま、胸を張るようにし、アップポジションでかくとうまくいく。

解説 2 キャッチしたらストレートにかく

キャッチでは、手を外側にスカーリングし、水をとらえる方法がよく行われている。そのため手の軌跡は外側から胸、もしくは腰のあたりで閉じ、プッシュに移るように見える。しかし複雑に考えるより、しっかり水をキャッチしたなら、そこから体の下をまっすぐかくようにするといい。

解説 3 円運動を意識し、エネルギーを進行方向に向ける

両腕は水を前から後ろにかき、プッシュでスピードを増し、空中にでる。腕は低い位置で旋回させ、円運動を利用して、後ろに向いた力を、前方に方向転換することが大切だ。腕を充分に脱力させると同時に、首を伸ばし、背中をフラットにし、呼吸時に顔を上げすぎないようにする。

Let's TRY!! 一かきから伏し浮き姿勢に

伏し浮きから一かきし、ふたたび伏し浮き姿勢に戻ってみよう。一かきでどれくらい進めるだろうか。入水時に上半身が前傾しているとうまくいく。

弱点を克服!

入水時に体が反っていないだろうか。反って入水すると、上半身で水を押し返してしまう。できるだけ浮き身姿勢をとり、体を平たくして泳ぐ。

コツ No.

16

ヒザを
曲げすぎず
ヒップアップしないで打つ

ドルフィンキックで
イルカのように
泳いでみる

ドルフィンキックには、大切にしたい3つの項目がある。

まず**ヒザの曲げすぎ**は、抵抗を生んでしまうだけでなく、うねりと合わさり、足が空中に出てしまう。次に**腰を動かしすぎて**、腰を折るようにキックすると、これもまた大きな抵抗となる。最後に、**ヒザや両足を開きすぎる**と、水を最後までとらえられず、空がきになりやすい。

ココが
＼改善／
泡ばかりたて、推進力につながらないキックを直すことができる。

効く**ツボ**

① **ヒザを曲げすぎないキック**

② **腰を動かしすぎない**

③ **ヒザと足を開かない**

解説 1 キックはしなやかに、ヒザを曲げすぎないで打つ

ドルフィンキックでヒザを曲げすぎると、抵抗を生みやすく、推進力を失いやすい。実際にバタフライで泳ぐ時は、全身のうねりの中でキックが使われるため、しなやかで力強いキックを、小刻みに打てる必要がある。クロールのフラッターキックを両足でおこなうイメージを持つとうまくいく。

解説 2 ヒップアップしすぎないでキックを打つ

バタ足は交互に動くため、体幹は影響を受けづらい。しかし、両足の揃ったドルフィンキックは体幹に大きな力がかかる。そのためキックの反動を、腰を支点として上半身を動かすことで吸収し、バランスをとる。この時に腰を折りすぎると、上半身が沈んでしまい、抵抗となってしまう。

解説 3 両ヒザと両足の間隔を狭く保つ

ドルフィンキックは両足で打つため、バタ足にくらべ、負荷が高い。そのため筋力の弱い人やクロールの得意な人は、ひざや足を開いて大きなキックを打とうとしがちである。これは全身が波動するバタフライで、足が空中に出る原因となりやすい。ひざや足を閉じ、小さなキックを心がけよう。

Let's TRY!!
潜水のドルフィンキック

蹴伸びから潜水したまま、水中をドルフィンキックで進んでみよう。ヒザが曲がりすぎたり、腰が折れすぎたり、足が開きすぎたりすると、スピードが上がらないのを感じられるはずだ。

弱点を克服!

お尻を上下して、キックしたり、バタフライを泳ごうとしたりしていないだろうか。お尻を動かすのではなく、足を上下に動かすのだ。

コツNo.

17

前方に重心を
移動して加速

上下動でボディコントロール

ココが
\ 改善 /
上半身が水の抵抗を
生みだしてしまう
バタフライを
矯正できる。

重心の上下動に、ボディポジションを合わせて加速する

重心を波形に上下動させて前進する時、**どのようなボディポジションを取るか**。それが、スピードアップへの鍵だ。

プルからプッシュの局面で、重心は上に持ち上げられる。そのため浅い角度で浮上しながら前進するアップポジションが必要とされる。反対に入水からキャッチに至る局面で、重心は下がる。そのため、頭から浅い角度で突き刺さり、水を後ろに押せるダウンポジションが要求される。

効くツボ

1 浮上は浅い上向き

2 下降は浅い下向き

3 重心移動をドリルで磨く

効く ツボ 解説
Interpret

解説 1 重心が持ち上げられる時は アップポジションをとる

プルからプッシュにかけて、全身がわずかな
上向き角度をとることが望ましい。プッシュ
で重心は上げられるが、その時、上半身
をやや上向きにし、浮上しながら加速的に
前進する。この時、上半身を反ってはいけ
ない。あくまでも、わずかな上向き角を保ち、
浮上しよう。

解説 2 重心が落ちる時には、 ダウンポジションをとる

プッシュで高い位置に持ち上げられた重心
は両手の入水と共に落ちはじめる。この
時、背中をフラットにし、腕と肩が同時に
落ちるようにすると、胸側がわずかに沈み、
水を後方へ押しやるポジションができる。
上半身を反らして落ちると、水を進行方向
に押し返してしまい、ブレーキになる。

解説 3 上半身の突っ込みによる 加速をドリル練習で磨く

バタフライでは呼吸で胸を張り、胸を張った
まま重心を落とし、ブレーキをかけてしまう
人が多い。そこで、ドリルを行って重心移
動に磨きをかけよう。蹴伸び、もしくは伏し
浮きから水を後方に押すように、上半身を
突っ込むのだ。この突っ込みで、加速でき
るようトレーニングする。

Let's TRY!!
気をつけ姿勢でトライ

重心移動を磨くドリルを、気をつけ姿勢でやっ
てみよう。両腕を体側につけ、頭から上半身
を板のように沈め、前進してみる。手を伸ばし
た状態より、高度なバランス感覚が要求される。

弱点を克服！

上半身で無理矢理に水をかこうとし
てはダメだ。上半身を突っ込みすぎる
と、抵抗となってしまう。わずかに上半
身を水に押しつけるくらいがいい。

コツ No.

18

水中
ドルフィンで抜く
イルカの波動で泳ぐ

ココが
＼改善／
飛び込みやターンで、
人に差を
つけられることが
なくなる。

水中ドルフィンは
自由形や平泳ぎでも
重要なテクニック

　水中ドルフィンは現代競泳の重要なテクニックだ。バタフライで**泳ぎ全体のリズムを掴んで、律動を刻む**だけでなく、自由形や平泳ぎでもスピードアップのため、飛び込みやターンで使用される。

　水中ドルフィンは全身をうねらすのではなく、上半身を固定し、へそ、もしくはみぞおちから下で打つようにする。キック幅を小さくし、小刻みだがパワフルなキックをめざすこと。両足やヒザの間隔を開きすぎないことも大切だ。

効く**ツボ**

1 上体を動かさない

2 キックは小刻みに

3 足とひざを離さない

効く ツボ 解説
Interpret

解説 1 上半身を固定し、へそから下で打つ

全身をうねらせる水中ドルフィンでは、上半身の上下動が抵抗を生む。そこでできるだけ胸から上を動かさず、へそ、もしくはみぞおちから下でドルフィンキックを打つようにしたい。まるで両足を揃えたフラッターキックでもあるかのように、下半身だけで打つようにする。

解説 2 キック幅を小さくして、小刻みに

キック幅を、体の胸幅程度に抑えるとうまくいく。できるだけ小さな振幅で、しかし力強く打つことが推進力につながる秘訣である。飛び込みやターンの後なら、キックを入れるタイミングが早すぎても、遅すぎても逆効果だ。どのスピードから打てばよいのかを練習で身につける。

解説 3 両足、両ひざを、できるだけ閉じて打つ

ドルフィンキックのダウンキックやアップキックで、ヒザと足の間隔が開きすぎてしまうスイマーが多い。ヒザや足が開きすぎると、後ろに押すはずの水が、一部上下に逃げてしまい、推進力を失う。足の開きは気づきやすいが、ヒザの割れは意識することが難しいので要注意だ。

Let's TRY!!
潜水でボディドルフィン

プールの壁を蹴り、蹴伸びから水中ドルフィンをやってみよう。水面に浮かず、水中を速いスピードで進んでみる。上達したなら、かなりのスピードで泳げるはずだ。

弱点を克服！

手や肩が上下動していないだろうか。蹴伸びからストリームラインを意識し、前に伸ばした手や腕を動かさず、下半身だけで進んでみる。

コツ No.

19

フラットに 泳げば速い

上下動を抑えてスピードアップ

ココが
\ 改善 /
エネルギーが上下動に奪われ、スピードのでない泳ぎを矯正できる。

上下動を抑えて泳げば、 バタフライは スピードアップする

現代バタフライの特徴は、上下動を極力抑え、**力をできるだけ前進することに使うことだ。**

泳ぎを二つの局面で考えると分かりやすい。一つは体が水面下にある局面。もう一つは水上にある局面だ。重心が水面下にある場合、浮心は体を持ち上げる。体は自然に浮き上がるため、腕のかきは前進するために使えばいい。そして水上に出た重心は沈む。力はいつも前進するためだけに使えばいいのだ。

効くツボ

① 重心の上下動を抑える

② 呼吸で体を反らせない

③ ストリームラインを保つ

効くツボ 解説

Interpret

解説 1 可能な限り、浅いうねりで泳ぐ

浮心は胸にあり、重心はへそ下にあるから、可能な限り浅いうねりのなかで、両者のバランスをとる必要がある。そのためには、前に前に重心を乗せていくことだ。腕のかきで上半身を起こしすぎないこと。手をかく時、できるだけ体を起こさず、伏し浮き姿勢を意識したい。

解説 2 顔を下げた呼吸でスピードアップ

バタフライでフラットに泳ぐためには、呼吸方法がひとつの鍵となる。できるだけ顔を起こさず、水面を見たまま呼吸したい。顔を起こすと、胸を張りやすく、上半身全体が必要以上に立ちやすくなる。そこで、顔を動かさず、浮心が浮上する力だけを使い、できるだけ低い位置で呼吸したい。

解説 3 顔を上げてもストリームラインを崩さない

顔を上げた呼吸でも、よいストリームラインができるなら問題ない。顔を低い位置に置き、両腕を水面すれすれにリカバリーする。手が肩より高くなると、肩の傷害につながる。床にうつ伏せになり、床すれすれにリカバリーしてみよう。肩が柔らかくても、腕は体側より後ろに引かない。

Let's TRY!! 伏し浮きで腕を回してみる

伏し浮き姿勢をとり、水面で腕を回転させてみる。バタフライのリカバリーを意識しておこなうと、いかに腕を上げなくても、楽にリカバリーできるのか、実感できるはずだ。

弱点を克服！

呼吸やリカバリーを楽にしたくて、体を反らせてしまうスイマーが多い。意識を変えて、水に押しつけるように呼吸し、水面すれすれにリカバリーしよう。

コツ No.

20

疲れない
バタフライのために
三種類のドリルで効率よく練習

ココが
\改善/
泳ぎすぎると技術が
崩れやすい
バタフライで、確実に
技術を磨く。

体力消耗の激しいバタフライだからこそ、ドリルで磨きをかける

バタフライは体力消耗が激しく、筋肉への負担も大きい泳ぎだ。そのため、**トレーニングしすぎると、泳ぎが崩れやすい**。スパルタトレーニングとして、長距離練習をする人を見かけるが、危険な行為だ。そこで泳ぎを崩さず、確実に上達するため、ドリル練習が重要となる。ここではスリーキックバタフライと、片腕バタフライ、そしてキックドリルの三種類を紹介。どれも安全で確実な上達を約束してくれる。

効くツボ

1 スリーキックで泳ぐ

2 片腕バタフライで泳ぐ

3 キックをドリルで磨く

効くツボ 解説

Interpret

解説 1 ワンストロークで 3回キックして泳ぐ

一般的に2回のキックで泳ぐバタフライを、3回のキックで泳いでみよう。第1キックの後、伏し浮き姿勢を強調し、そこで1回余計にキックを打つ。バタフライをスピードアップさせるには、フラットに浮ける技術が必須だ。浮きを強調し、ワンストロークで大きく前進してみよう。

解説 2 片腕だけで バタフライを泳ぐ

バタフライの厳しさは、両腕を同時に水から引き上げるところにある。両腕をかききるだけの力が要求されるのだ。そこでクロールのように片腕だけで泳いでみよう。こうすればプルとキックのタイミングに集中することができる。最初は横呼吸で、慣れてきたら前呼吸でもおこなってみる。

解説 3 キックを磨けば バタフライは躍動する

一般的な板キックだけでなく、バタフライでは水中キックや、写真の板なしキックも効果的な練習になる。板なしキックでは体を反らさず、足の位置を保持し、しっかりと小刻みなキックを打つ。短い距離でいいから、ビート板がなくても楽に呼吸できるよう強いキックを打とう。

Let's TRY!! さまざまなドリルに挑戦

バタフライは体力的にきつい泳ぎだが、リズムやタイミングで泳ぐ技術の大切な泳ぎでもある。そのため、積極的にドリルを試し、自分に合った練習を見つけたい。

弱点を克服！

バタフライは最初できるだけ短い距離から練習したい。筋肉への負担が大きいため、数回のストロークで力尽きてしまうことも考えられるからだ。

コツNo. 21 水を押し戻さないで泳ぐ

バタフライをダメにする泳ぎ方

ココが **改善**
前に進まず、苦しいばかりのバタフライから抜け出せる。

NG 体が反って沈まないように注意

よく見られる欠点に陥らないために

バタフライの欠点には共通性がある。それらを3つの項目に凝縮して、このページで紹介する。

もっとも多い欠点は、**反ったままの姿勢で重心が下がり、水を押し返してしまう泳ぎ**だ。次にリカバリーで**腕を高く上げすぎて、体を沈ませてしまう泳ぎ**。最後に**入水した腕を上下に動かし**、ストロークのなかで、2回かくように動かしてしまう泳ぎである。こうなるとエネルギーが上下動に使われ、推進力につながらない。

効くツボ

1 反って落ちてはいけない
2 腕を上げすぎてはいけない
3 2回かいてはいけない

解説 1 体を反らせたまま重心を おとしてはいけない

うねりを利用して泳ぐバタフライなのだが、重心の上下動と、うねり動作をうまく調和させるのは難しい。呼吸とリカバリーのため、スイマーの重心は持ち上がるのだが、次に重心がおちる時に、体を反らせて沈むと、反った胸で水を前に押し戻してしまい、ブレーキをかけてしまう。

解説 2 腕を体側より後ろで 回してはいけない

写真のように腕が高く上がったバタフライは美しい。しかし、このように腕を上げると、慣性が体を沈めようとする。つまり、エネルギーが無駄に使われてしまうのだ。たとえ肩関節が柔らかくとも、腕は水面すれすれに低く回転させる。肩の傷害防止のためにも、気をつけたい。

解説 3 腕を上下に2回 動かしてはいけない

バタフライでゆっくり泳ごうとすると、入水した腕をいったん下ろし、そこからもう一度引き上げ、2回かくような動作をおこなう人が多い。シーソーのように上半身が上下動し、体が大きくうねり、水の抵抗を大きくしてしまう。入水後、腕は上下動させず、前に伸ばすことが大切だ。

Let's TRY!! 意識してチェック

3つの欠点が自分に当てはまっていないか、1つずつ意識して確認してみよう。呼吸後、重心移動ができているか。水上の腕が低い位置にあるか。入水した腕が前に伸びているか。

弱点を克服！

遅すぎるスピードで練習していないだろうか。バタフライはスピードがあってこそ泳げる泳法。短い距離をしっかり泳ぐことからスタートしよう。

コツ No.

22

船底姿勢を保つ背泳ぎは
意図的に胸を落として泳ぐ

\ ココが /
改善
呼吸が苦しく、浮力のない背泳ぎを矯正することができる。

唯一上向きで進む「背泳ぎ」は胸を落として泳ぐ

背泳ぎが他の泳法と大きく異なる点は、水に上向きになって泳ぐこと。その正しい基本姿勢は、**胸を落とした姿勢**になる。たとえば、床にうつ伏せに寝て、体の前が平らになった姿勢を、そのままひっくり返したイメージが背泳ぎでは大切だ。船底型ともいう。

ちなみに、クロールなどの下向きの泳ぎでは浮力が出て、抵抗の少ない姿勢を作るため、背中を平らにするのが基本。床に仰向けに寝て、平らになった背中のようなイメージだ。

効くツボ

① 背浮きで胸を落とす

② 全身を水面すれすれに

③ 腹筋を長く引き伸ばす

\解説/ ① 胸を落とし、上半身の前側を平らにする

背泳ぎ以外の三泳法では、背中側が水面に来る。背中は胸にくらべて平らで、胸の方がふくらんでいる。そのため、背泳ぎでは意図的に胸を落とし、水面から胸を出さない姿勢を作る必要がある。胸やみぞおち付近を水面すれすれまで落とし、フラットに背浮きができることが大切だ。

\解説/ ② 水面すれすれに全身を浮かせる

背泳ぎでは胸を落とすだけでなく、わずかに頭の向きや腰の位置を変え、全身を水面すれすれに浮かせることが大切だ。頭をできるだけ体軸に沿ってまっすぐに沈め、顔もゴーグルのみ水面に浮くくらいまで沈めるといい。胴回りの豊かな方なら、やや腰が落ちた姿勢に感じるはずだ。

\解説/ ③ 背骨を引き伸ばして、腹筋を長く使うイメージで

体の前側を平らにし、船底型の姿勢を作るには、腹筋の緊張が必要となる。腹筋を長く使い、適度な緊張感を持って泳ぐことで、理想的な姿勢となる。大切なことは体幹部を短く固めて姿勢を作るのではなく、背骨を引き延ばすように、長く使いながら緊張感を持たせることだ。

Let's **TRY**!!
伏し浮きと背浮きを交互に

背浮きと伏し浮きは似ている。しかし、どちらが得意かどうかは個人によって違うので、交互にやって両者の特徴を理解しよう。とくに、背浮きは背泳ぎに直結するため必須だ。

◀● ″弱点を克服！

胸を沈めようとするあまり、腰が折れて沈んでいないだろうか。腰を折らずに浮くには、頭を体軸に対してまっすぐにし、耳の前まで水に沈めよう。

コツ No.

23

S字から
クエスチョンマークへ

腕は体の前側でかく

体の前面でかくことで、肩関節のケガ予防にもつながる

　背泳ぎで水をかくには二つ方法がある。一つは**横から見るとS字を描く**方法。キャッチから上弦の月を描くように、水面に近づく曲線でプルをし、そこからプールの底に向かってプッシュをするやり方だ。

　もう一つはあたかも**平たいクエスチョンマークを描く**ようにやや直線的にかき、最後もあまり底に向かってプッシュしない方法で、どちらも有効な方法だ。

効くツボ

① ヒジを曲げてかく

② 体の前面をかく

③ フラット、もしくは親指から

58

解説 1 ヒジを曲げスピードアップに従い、S字から？マークへ

背泳ぎのかきは、ゆっくり泳ぐならS字プルが適している。この時、プッシュで底に向かってかく力が、ローテーションと連動する。泳ぎをスピードアップするに従い、かき手の軌跡はS字からクエスチョンマークに変わっていく。どちらのかき方をしても、ヒジは必ず曲がっている。

解説 2 ローテーションを活かし、体の前でかく

全身のローテーションと調和して腕をかいたなら、手の位置は自然に体の前面に来る。側面より背中側でかくと、肩関節に大きな負担をかけてしまい、傷害につながりやすい。ケガを予防するために、そしてより強い力を発揮するためにも、適度にヒジを曲げて体の前側をかくようにしたい。

解説 3 リカバリーはフラット、もしくは親指から

背泳ぎのリカバリーには大きく二つの方法がある。プッシュを終えた手をフラットに抜き、そのまま回転させる方法。もう一つは、親指側から抜く方法である。どちらも、抜いた手はリラックスして回転させる。回転を終えた手の入水は、小指側、親指側、どちらでもよい。

Let's TRY!! 思い切り浅くかいてみる

水面に近い、浅いところをかいてみよう。背泳ぎが苦手な人には、深すぎるところをかく人が多い。かきが深すぎると、体の後側でかきやすくなり、泳ぎを乱しやすい。

弱点を克服！

水をかく時、ヒジは必ず曲げることが大切だ。曲げ角はかく位置により変化するが、水中でヒジが伸び切るのは、フィニッシュだけだ。

コツ No.

24

左右への回転から力を得る

ローテーションがリズムを刻む

背泳ぎのリズムは
ローテーションから
生まれる

　背泳ぎのリズムとエネルギーは、ローテーションから生み出される。頭頂から両足の中心に作った1本の軸にそって体を長く伸ばし、リズミカルに体全体をローテーションする。

　リカバリーの腕が入水するのと同時に肩は回転し、腕と肩が同時に動く。ローテーションのエネルギーは**入水の慣性と力強いプッシュ**から生み出される。プッシュが腰の回転を生み、抜き手側の腰が上がるのを感じてみよう。

効く**ツボ**

1 腕と肩を同時に回す

2 ローテーションは腰から

3 肩を水面から外に出す

解説1 リカバリーから入水する時、腕と肩を同時に回す

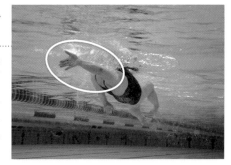

腕が入水する時、腕と肩が、同時に回転することが大切だ。腕だけが動いて入水するのではなく、体全体がローテーションし、全身が軸に沿って回転しながらキャッチポイントへ手が伸びる。背泳ぎのキャッチポイントは、クロールより深めが効果的だ。そのため、ローテーションも大きくする。

解説2 プッシュのエネルギーで回転がはじまる

プッシュは水を斜め下にかく。方向に個人差はあるが、水はプールの底に向かって押されることになる。その力を利用し、タイミングよく体を反転させたい。肩の回転と腰の回転を合わせ、プッシュに入水の慣性も合わせよう。そうすれば、タイミングよくローテーションできる。

解説3 リカバリーで、片方の肩を水上に出す

ローテーションはエネルギーの源であるだけでなく、水の抵抗を効果的に抑える運動でもある。体軸の回転で上げられたリカバリー側の肩を、しっかりと水面に出し、水の抵抗を減らすのだ。水を幅広く押してしまうタンカーのような泳ぎでなく、細いスピードボートのような泳ぎをめざす。

Let's TRY!! 思い切ったローテーションを

背泳ぎのリズムは全身のローテーションから生まれる。そして、ローテーションの原動力はプッシュとキャッチである。それらを感じられるように、思い切って体を回転させて泳ごう。

弱点を克服!

腕がオールのように円を描いていないだろうか。腕の軌跡はS字か?マーク。プッシュで水を下に押せないと、ローテーションを起こしづらい。

コツ No.

25

プルドリルで軸を通す

プルブイでローテーションを磨く

プルとローテーションのタイミングをプルドリルで習得する

背泳ぎは上半身と下半身のコーディネーションが難しい。プールの底にあるラインが見られないため、泳ぎながら左右にぶれるスイマーも多い。そこで軸を通し、下肢と上肢をつなげるため、**あえて上半身だけで泳いでみる**。

プルブイを使用し、体をフラットに浮かせて軸を感じながら、ローテーションを意識して泳いでみる。プッシュで回転し、キャッチで軸を作るようにするとうまくいく。

効くツボ

1 体の中心に軸を作る

2 プッシュで体を反転させる

3 入水で肩を回転させる

解説 1 キャッチポイントで体を 一直線にして軸を作る

入水し、キャッチを完了した時点で、軸が通っているかどうかを確認してみる。キャッチポイントの手先から足先までが一直線になっていることを確認する。頭頂から足先まで体の中心を通る軸を感じられるといい。写真は右手が入水し、キャッチポイントに到達した瞬間だ。

解説 2 プッシュのエネルギーで 体を反転させる

背泳ぎのプッシュは、斜め下に水を押す。そのため、プッシュのエネルギーを利用して、ローテーションを始動させることができる。水を下に押す反動で、体を反転させるのだ。写真は右手のプッシュを終え、その反動で腕を抜いた瞬間である。プッシュの力で、右腰が上がり、体が反転している。

解説 3 腕を入水させる慣性で、 肩を回転させる

プッシュだけでなく、入水の力も利用してローテーションを生み出すようにすると効率がいい。プルブイを挟んだ両足を軽く閉じ、両足の間に軸を感じるようにする。手を入水させる位置は肩の延長上だが、ローテーションを終え、手がキャッチポイントに来ると、手から足先まで軸上に並ぶ。

Let's TRY!! 下肢を締めて泳いでみる

プルブイを挟んだ両足を、軽く締めるように泳いでみよう。軽く力を入れることで、中心軸を感じやすくなる。加えて体幹部にも力を入れて、軸を上半身ともつないで泳いでみる。

弱点を 克服!

プルブイを挟んだ足が腰で折れていないだろうか。腰は多少なら曲がってもいいが、折れてはいけない。体幹に緊張感を持たせ、軸を通して泳ぐ。

コツNo.

26

両足を
内側に絞り
アップで進み、ダウンで浮かせる

水しぶきばかり
飛んで、前に進まない
背泳ぎを直すことが
できる。

背泳ぎのキックは
アップキックで
前進する

背泳ぎのキックは特別
だ。他種目が打ち下ろしの
ダウンキック主体で進むの
に対し、背泳ぎは**アップ
キックで進む**からである。

動作の主動筋は同じ大
腿四頭筋だが、キック方向
は逆になる。また、他種目
であまり使わない大腿二頭
筋や臀筋群を使った**ダウ
ンキックでも、体を浮
かせたり、推進力を増
したり**することが可能な泳
法なのである。

効く**ツボ**

1 下半身を絞ってキック

2 アップキックで前進する

3 ヒザと足を水中に留める

効く**ツボ**解説
Interpret 解説

解説 1　両足を内側に絞ってキックする

背泳ぎのキックは、ダウンキックで体を浮かせ、アップキックで進むと理解しよう。推進力につながるアップキックを打つには、両足をわずかに内側に絞り、内股気味でキックするやり方が効果的だ。柔らかい足首が必要とされるため、ストレッチも大切になるので、ぜひとり入れよう。

解説 2　アップキックで水を遠くへ押しやる

アップキックで大きな推進力を得るには、足で水を打ったり叩いたりしてはいけない。実際のキックは左右へ回転しながらおこなうため、ローテーションに合わせてキックの動きを脚部の付け根から始め、波打つムチのようにしならせて、水をできるだけ遠くへ押しやるといい。

解説 3　ヒザと足先を水面に出さないようキックする

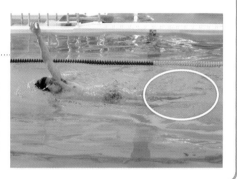

背泳ぎのキックでは、他の種目以上に、足やヒザを水面に出しすぎないでキックすることが大切である。そのためアップキックの時、あまり股関節を深く曲げないこと。全身に軸を通し、腰を折らないで、ヒザや足首を曲げて、しなやかにキックするように注意したい。

Let's**TRY!!** サイドキックをやってみる

実際の泳ぎでは、キックは左右に回転しながら打たれている。そのため、横方向に打つサイドキックのトレーニングが役に立つ。肩を垂直に立て、サイドキックで進んでみよう。

弱点を克服！

背泳ぎはプルのタイミングで、対角線上の足がアップキックを打つ。手が入水する時、対角線上の足がダウンキックを打つと考えてもいい。

コツ No.

27

みぞおちから
うねりを作り
上半身を動かさないで打つ

ココが
\ 改善 /
スタートとターンで
人に遅れをとらず、
逆に引き離すことが
できる。

バサロキックは
ボディドルフィンであり、
重要な技術である

バサロキックはドルフィンキックと同じく、スタートとターンで15メートルおこなうことが許されている。よいバサロは背泳ぎやドルフィンキックよりも速い。理由は、アップキックとダウンキックの**両者で推進力を得る**からだ。

バサロキックは全身を使っておこなうが、手や首の動きはごくわずか。みぞおち、もしくはへそのあたりから、**うねりを作り、水を押す**ようにキックする。

効くツボ

1 みぞおちから打つ

2 ヒザと足を開きすぎない

3 上げと下げの両方で進む

解説 1 先端はわずか、みぞおちから大きく動く

バサロキックの始動点は、厳密には手先である。しかし、その動きはほんのわずかで、明確に動きはじめるのは、みぞおちのあたりとなる。ドルフィンキックより、始動点が高くなるが、それはドルフィンキックよりアップキックとダウンキックの両者を均等に使えるからである。

みぞおち

解説 2 ヒザと足を開きすぎない

バサロキックは、背泳ぎのキックと同じように、両足をやや内側に絞り、内股でキックすると、より多くの水をとらえることができる。また、ドルフィンキックと同じく、ヒザや足先を開きすぎないよう注意したい。開きすぎると、水が足の間から逃げてしまい、推進力を失うことになる。

解説 3 アップキックとダウンキックの両者で進む

バサロキックはドルフィンよりアップキックが使いやすい。それはより強い筋肉でアップキックを打つことができるからだ。ダウンキックが意識されやすい水泳で、アップキックが使える分だけ有利になる。その代わりドルフィンで強く打てるダウンキックは、比較的弱い筋肉を使うことになる。

Let's TRY!! 潜水バサロで進んでみる

仰向けの蹴伸びからバサロキックで進んでみよう。上向きのため、鼻から水が入りやすく、息が続かない人も多い。わずかに鼻から空気を出すか、上唇で鼻を閉じるようにするといい。

弱点を克服!

上半身が動きすぎると、波打つばかりで前に進まない。上半身を固定し、最初は浅くヒザ下で、しだいにへそあたりからキックするようにする。

コツ No.

28

キャッチで待てば速くなる

フロント・クワッドラントで泳ぐ

ココが
＼改善／
腕の回転ばかり速く、
進まない背泳ぎを
直すことが
できる。

両腕をできるだけ進行方向に置いて泳ぐ

クロールと同じように、背泳ぎもフロント・クワッドラントで泳ぐ。背浮きをするとわかるが、両腕を進行方向に伸ばすことではじめてフラットに浮ける。そのため、できるだけ**両腕を進行方向に置き**、体全体が浮くように泳ごう。

キャッチポジションで待つことが秘訣になる。そのためにはリカバリーの手を、スリークォーターキャッチアップと呼ばれる鉛直の位置で止める練習が有効だ。
※ 26&27 ページ参照

効くツボ

1 キャッチで待つ

2 ヒジから先でキャッチする

3 プッシュの慣性で腕を回す

効くツボ
Interpret 解説

解説① 手をキャッチポジションで止める

リカバリーの腕をローテーションと同時に入水させ、そこでいったん静止してみる。より正確なキャッチのために時間をかけてもいいし、軸を感じながら待ってもいい。片腕を伸ばした状態で、できるだけ体を引っぱるのも効果的。リカバリーの手が真上に来るまで待つことも大切だ。

解説② ヒジから先→腕全体を使って水をつかむ

しっかりキャッチしたら、まずはヒジから先全体で、続いて腕全体で水をかくようにする。そのためにはヒジを適度に曲げる必要がある。プルの時、ヒジをプールの底に向け、指先を天上に向ける意識を持つのもいい。プッシュに入ったら、再びヒジから先全体で水を押し切る。

解説③ プッシュの反動を使ってリカバリーする

背泳ぎのプッシュは水を斜め下方向に押す。この反動を使って腕を真上まで回したい。キャッチで待っている腕を、もう一方の腕が素早く追いかけるような意識が効果的だ。片手がキャッチにあり、もう一方は水から垂直に上がっている位置が基本ポジションと考えると分かりやすい。

Let's TRY!! 片手を上げてキックで進む

片手をキャッチポジションに伸ばし、片手を垂直に上げた姿勢で、キックしてみよう。12回キックしたら、ワンストロークしてポジションを切り替えるとタイミングをとりやすい。

弱点を克服!

胸などの胴体が、水から出すぎていないだろうか。胸やわき腹が水上に出すぎると、浮力を失うので意識して沈めて泳ごう。

コツ No.
29

視覚の不利な背泳ぎは
広角視野でまっすぐに泳ぐ

ココが
\改善/
効率の悪い背泳ぎを矯正し、速くて、疲れない泳ぎに変えられる。

他の泳ぎと異なった陥りやすい罠があることに注意

　背泳ぎは呼吸と視界が他の泳法と大きく異なる。**呼吸は有利だが、視界は不利**な泳ぎといえる。視覚的な指針がないためまっすぐ泳ぐことが難しい。加えて肩の自然な可動域を使えるリカバリーのため、入水位置が内側に入りやすい。反対に肩の可動域をうまく使えないプルのため、手だけでかいてしまうスイマーが多い。これら三つの点に注意し、効率のよい泳ぎを目指す。

効くツボ

1 左右にふらふらしない

2 オーバーリーチしない

3 肘を伸ばしてかかない

解説 1 まっすぐ泳ぐには 広角視野を使う

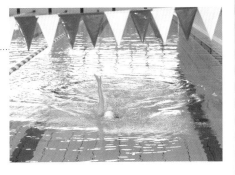

人間の視野は片目で160度程度。両目で200度程度と考えられている。そのためよいボディポジションで泳ぐと、両側のコースロープが見えるはずだ。ロープを指針にしてまっすぐ泳ぐ練習をする。もし天上に直線のラインや柱、桟などがあれば、それらを利用してもよい。

解説 2 入水する腕を内側に 入れすぎない

背泳ぎをするスイマーの多くが、写真のように腕を内側すぎる位置に入水させる。原因は背泳ぎのリカバリーが肩関節に優しく、可動域を十分に使えるからだ。理想の入水位置は肩の直線上か、やや外側に入れるくらいがいい。内側に入りすぎると、かきはじめで抵抗を生んでしまう。

解説 3 ローテーションを忘れ、 手だけでかかない

ローテーションが少ない背泳ぎは、肩関節に無理が生じるため、十分にヒジを曲げられず、伸びた腕で水をかくことになる。ヒジが伸びると水をとらえられないばかりか、左右にふらつく原因になる。しっかりと軸をローテーションさせ、ヒジを曲げ、体の近くを浅めにかくようにする。

Let's TRY!! 片腕だけで泳ぐ

背泳ぎを改善するため、クロールやバタフライでやった片腕で泳ぐドリルにトライだ。使わない腕は伸ばすか、体側に揃えてもいい。軸の回転と調和したかきを身につけよう。

弱点を克服!

背泳ぎ特有の欠点が見られるなら、基本の背浮きに戻ってみること。背浮きで浮けるだろうか、足が落ちないだろうかを再度チェックしてみる。

コツ No.

30

平泳ぎは腕より キックで進む

プルをタイミング合わせに使う

ここが
＼ 改善 ／
手の動作が
キックの推進力を
打ち消してしまう
泳ぎを直す。

推進力を、キックから 得られるよう プルをおこなう

平泳ぎは他の三種目と異なり、大きな推進力がキックから生まれる。そのため、**キックの推進力を活かす**テクニックが必要になる。まず下半身に強い意識を持つこと。手や腕に意識が集中しやすいが、より繊細な動きを意識し、キックを正確にコントロールする。

また、水を胸の下に強くかき込む動作が抵抗を生んでしまう場合も多い。プルの推進力を捨てるくらい極端に考え、的確なキックとプルを学ぶ。

効く**ツボ**

1 キックの推進力を最大に

2 手のかきは小さく

3 プルでタイミングをとる

効く ツボ Interpret 解説

解説 1 平泳ぎの推進力は、キックをメインにおく

プルよりもキックの推進力を大切にしたい。そのためキックの力を落とすプル動作を極力避けるべきだ。キックは直線的な動きを意識し、足の裏で力強く水を後方へ押しやること。プルで推進力を得ようとしすぎると、腕の動きがキックの推進力を打ち消す場合もあり要注意だ。

解説 2 プルはアゴより前でコンパクトに

プルにおける手の動きは、アゴより前で小さくコンパクトに動かすところから始めてみる。平泳ぎでは、キック直後の推進力が最大となる。その力を効率よく活かして前進するため、伏し浮き姿勢によるストリームラインを強調し、手のかきをアゴより前でおこなうようにする。

解説 3 プルはタイミングをとる程度に

プルは泳ぎのタイミングをとる程度のものと考え、意識をしすぎないこと。心がけたいのは、キックを終え、完全なストリームラインを作ってからプルに入ること。伏し浮き姿勢を作り終える前にかき始めると、推進力の大きな場面で抵抗を生み、泳ぎにブレーキをかけてしまう。

Let's TRY!! 蹴って、伸びて、かく

伏し浮きの姿勢から、アゴより前で小さくプルをおこなう。リラックスして脚を引きつけ、力強く蹴ってしっかりと伸び、抵抗の少ない伏し浮き姿勢に戻ってみる。

弱点を克服！

人間は目に頼ろうとする。手を見ると、どうしてもプル動作が気になってしまう。そこで、手や腕を見ず、キックに意識を集中して泳ぐ。

コツ No.

31

上半身を起こさず呼吸して

プル動作はヒジに意識を置く

＼ココが／
改善

呼吸動作が抵抗となり、キックを活かせない泳ぎを、矯正できる。

▌キックの推進力を維持するプルと呼吸を学ぶ

　プル動作の大切な目的に呼吸がある。呼吸動作で上半身が立つと、大きな抵抗を生んでしまう。そこで手よりヒジの動きに集中し、**できるだけ小さな動きで呼吸**する。プルでヒジを立てようとすればするほど、必要以上にかき込みやすくなり、胸や上半身が起きて減速する。ヒジの上下動を抑え、ヒジを浅い水面下で水平に円を描くように動かす。できるだけ上半身を立てず、前傾角度を保ったまま呼吸する。

👆効く**ツボ**

1 上半身を前傾させて呼吸

2 ヒジで円を描く

3 開いて閉じる

効く ツボ 解説

Interpret

解説 1 顔と上半身の前傾角度を 保って呼吸する

平泳ぎの呼吸時に上半身が起きてしまう
と、胸を中心に大きな抵抗を生んでしまう。
そのため、できるだけストリームラインを崩
さないで呼吸する。ヒジを立てすぎないよう
に、小さなプル動作でかき、移動するエネ
ルギーを上方ではなく、前方に移動させる
ように心がける。

解説 2 ヒジを立てず、 引かずに回転させる

ヒジを立てるイメージが強いと、腕を必要
以上に胸の下に引き込んでしまう。深く引
かれた腕は抵抗となるため、できるだけヒジ
を立てず、引かず、回転させる意識で動か
す。ヒジを立てながら引き込むのではなく、
胸がヒジの上に滑り込んでいくようなイメー
ジが効果を発揮する。

解説 3 ヒジを 開いて閉じる

平泳ぎのプルには呼吸動作が伴うため、
手は逆ハート型を描くように、ヒジは円を描
くように動いている。もし呼吸動作を除い
て単純に考えるなら、ヒジの運動は単に「開
いて、閉じる」を繰り返している。単純な「開
いて、閉じる」という運動を意識し、「閉じ
る」局面で呼吸しよう。

Let's TRY!!
ヒジの開閉で呼吸する

アゴ（または頭）の前で、ヒジを開閉すること
で生まれる浮力を使って呼吸してみよう。ヒジ
でなく、手のひらで水面を押さえると、頭は上
がるが腰が沈み、大きな抵抗を生んでしまう。

弱点を 克服！

首を縮めて前に伸びていないだろう
か。首が短くなると肩とヒジが緊張し、
腕全体に力が入りやすい。首を長く保
ち、腕をリラックスさせて伸ばそう。

コツ No.

32

キックの基本は 垂直ジャンプ

ジャンプするようにキックする

ココが
\ 改善 /
ヒザや腰に
負担が大きく、
効率の悪いキックが
改善される。

平泳ぎのキックは 陸上の垂直跳びに近い 運動である

バレーボールの選手がスパイクを打つとき、適度な足幅とヒザの屈伸を使ってジャンプする。平泳ぎのキックも基本的に同じである。両足を極端に開いたり、深すぎる屈伸姿勢をとったりすると、力が失われる。

陸上で高く飛ぶためには、足首のスナップが大切となる。しかし、水中の平泳ぎの場合、足首の返しより、**カカトの押しが大切**だ。早すぎるタイミングで足首を返すと、水を押すことができない。

効くツボ

1 ヒザはあまり開かない

2 直線的にキックする

3 ヒザにねじれを加えない

効くツボ

Interpret 解説

解説 1 両ヒザを開きすぎないよう リカバリーする

平泳ぎのキックも、垂直跳びをするのと同じように、ヒザの間隔を広く開きすぎないで蹴ること。運動をおこなう股関節とヒザ関節に、無理がかからない姿勢を保つことが大切だ。泳ぎを後ろから見ると、引きつけられた足首より内側にヒザがあり、ヒザより内側に股関節がくるのがいい。

解説 2 キックは足裏で、 直線的に蹴る

垂直ジャンプでヒザは直線的に動く。平泳ぎでも同じ直線的キックを心がけたい。実際はヒザ下でわずかな回転運動を行う選手も多い。しかし意図的に回転させることなく、あくまでも直線的な蹴りを意識する。平泳ぎにみられるヒザの傷害は、多くが無理な回転運動に起因している。

解説 3 キックから生まれる 推進力を生かす

垂直跳びには、体を空中に跳ね上げる力がある。同じように平泳ぎのキックにも、大きな推進力を生み出す力がある。まず、キックとプルのタイミングを合わせることを心がけよう。そして上半身をできるだけ起こさないような、呼吸とプルを身につけることが大切である。

Let's TRY!!
足の外側で壁を蹴る

プールの壁を蹴って進むイメージでキックしてみよう。そのとき、足の指や土踏まずではなく、足の外側で壁を蹴るようにするとうまくいく。

弱点を克服!

キックに備えて水中で足を引きつけたり、キック時にヒザが開きがちになることが多い。意識して、無理のない範囲でヒザを閉じるように心がける。

コツ No.

33

浅く打つ
ウィップキックで
ヒザの傷害を防ぐ

ココが
改善
頑張れば頑張るほど、
ヒザを壊しやすい
キックを変えることが
できる。

ウィップキックこそ、マスターズスイマーにふさわしい

トップスイマーの多くが、ヒザから先をあまり回転させず、**カカトで水を押し出すキック**をする。ドルフィンキックに近いのだが、ウィップキックといって、足の甲ではなく足裏で水を押す。

ウィップキックは難しいと思われがちだが、ヒザへの負担が少なく体力の消耗も少ない。加齢と共に増える平泳ぎのヒザ傷害を防ぐためにも、マスターズスイマーこそ取り入れるべきテクニックだ。

効く**ツボ**

1. 浅く打つ
2. 最後までカカトで押す
3. 足裏の外側で水をつかむ

解説 1 浅く打つ ウィップキック

足首を返さない、あおり足を通常のドルフィンキックとするなら、足裏で押し出すドルフィンキックがウィップキックといえる。足首を返してドルフィンキックをおこなうイメージで、キックを打つ。できるだけ水面に近い所にヒザを残してカカトを引き、キックの準備をするといい。

解説 2 蹴り終える直前まで、カカトで押す

直線的な蹴りだと、もっとも水を押せる部分は足裏である。そのため、足裏の面積を最大に使い、最後まで水を押し続けることが大切になる。陸上で跳び上がる時のように、早い位置で足首のスナップを効かせると水が逃げてしまう。最後まで足裏で水をとらえる感覚を持って泳ぎたい。

解説 3 足首を返すとき、足裏外側で水をとらえる

キックは足裏で水をとらえるのだが、その最後の部分で足首を返す時、足裏の外側で水をとらえると効果的だ。また足首を返しながら、左右の足の親指ではなく、カカトが触るように揃えて、なめらかな動作で伏し浮き姿勢に戻ることができれば、より高い推進力を得ることができる。

Let's TRY!!
ウィップキックにトライする

動作のコンパクトなウィップキックにトライしてみよう。ヒザの上下左右への動きを抑え、小さく直線的な動きで進んでみる。脚部の引きつけ動作で、沈みすぎないことが肝心である。

弱点を 克服!

脚部を引きつける時、ヒザが開きすぎていないだろうか。両足の位置より、内側に両ヒザが来るように注意し、脚を動かそう。

コツ No.

34

プルブイを 挟んで

キック幅を学び、スピードアップ

プルブイを挟み、 ブイを離さないように キックしてみる

平泳ぎのスピードアップをさせるには、脚部の引きつけで生まれる抵抗を減らす必要がある。必要以上にヒザを開かず、腰を沈めすぎずにヒザを引きつけられるトレーニングをする。具体的には**プルブイを挟んだキックとスイム**だ。ヒザが開くとプルブイが外れてしまう。加えてプルブイの浮力で否応なく、浅いウィップキックを打たざるをえない。このトレーニングで加速と減速を繰り返さず、一定スピードで進めるようにする。

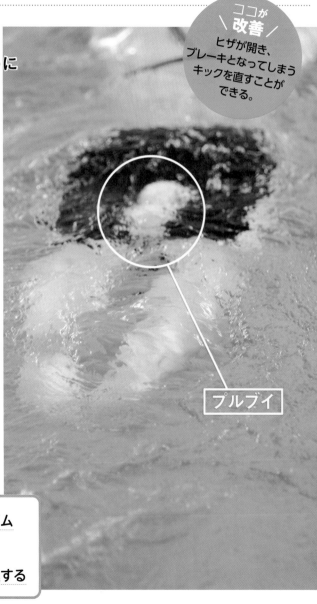

\ ココが /
改善
ヒザが開き、ブレーキとなってしまうキックを直すことができる。

プルブイ

効くツボ

1 プルブイを挟んだスイム

2 ヒザをしぼるように

3 一定のスピードで前進する

効く ツボ 解説

解説 1 プルブイを挟み、スイムと キックにトライする

太ももの間にプルブイを挟み、スイムとキッ
クで進んでみる。簡単にプルブイが外れて
しまうようなら、ヒザが開きすぎている。ブ
イを外さないよう、ヒザを締めたまま引きつ
け、同じくヒザを開かずキックしてみる。ヒ
ザの意識を高め、狭くても楽にキックを打
てる位置を見つけよう。

解説 2 ヒザをしぼるように 泳いでみる

平泳ぎのキックをする時、あなたのヒザ頭
はどこを向いているだろうか。カエルが泳ぐ
ように、ヒザが外側を向くと、大きな抵抗
を生んでしまう。平泳ぎでは、ヒザを内側
に絞るように泳いでみよう。キックを後ろか
ら見た時、ヒザ頭より、カカトが外側にあ
ることが大切だ。

解説 3 加速と減速を繰り返さず、 一定スピードで泳いでみる

キックは脚部の伸ばしで加速し、脚部の引
きつけで減速する。そこで生まれる加速と
減速の差を、できるだけ小さくし、一定スピー
ドで進むキックを心がけたい。そのために
は、ヒザを開きすぎず、直線的なキックが
大切になる。エネルギーを可能な限り浪費
しない泳ぎをめざそう。

Let's TRY!! 一定スピードで進んでみる

強く蹴ることよりも、一定のスピードを保てるキッ
クを心がけてみよう。そのためには、腰を水面
近くに保ち、脚部を極端に開かず、引き付け
も浅めにすることが大切である。

弱点を 克服!

プルブイにどっしり体重を乗せ、ブイ
の浮力に頼りすぎていないだろうか。
プルブイはヒザが閉まっているかどう
かを確認する程度に利用したい。

コツ No.

35

必ず伏し浮き姿勢に戻り

慣性を最大に利用して前進する

ココが
/ 改善 \

抵抗の大きい
泳ぎから、効率よく
前進できる平泳ぎに
改善する。

キックのエネルギーを最大限利用して進む

　キックを終了すると同時に、必ず伏し浮き姿勢に戻る。伏し浮き姿勢で効率よくキックの慣性を活かし、前進するためだ。エンジンを切ったモーターボートが、勢いよく水面を滑走するイメージを持つといい。

　昔は肩甲骨を寄せ、胸を張るストリームラインを作っていたが、その姿勢だと上半身が起き、脚部が沈みやすい。現代の泳ぎ方では**肩甲骨を広げ、できるだけフラット**な伏し浮き姿勢を心がける。

効くツボ

1 ストリームラインで進む

2 腰を前方移動させる

3 伏し浮き姿勢に戻る

効く ツボ 解説 <small>Interpret</small>

解説 1 ストリームラインで、可能な限り抵抗を減らして進む

蹴伸びで試すとわかりやすいが、わずかな姿勢変化が、推進力を大きく左右する。足が下がると自動的に上半身が立ち、衝立のような抵抗を生み出してしまう。そこで、キックの終了と共に、素早くフラットなストリームラインに戻ろう。キックのエネルギーを活かして前進させるのだ。

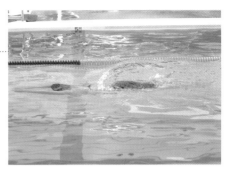

解説 2 上下動の支点を感じて泳いでみる

抵抗の少ない平泳ぎの場合、みぞおち付近が支点となり、上半身がわずかに上下動している。つまり、下半身は水面近くにあり、下がりすぎず、抵抗を最小限に抑えている。腰の位置を下げたり、動かしたりすると、上半身が大きく上下動し、大きな抵抗を生みだしてしまう。

解説 3 平泳ぎの基本ポジションは、伏し浮き姿勢である

抵抗の少ない泳ぎと大きな泳ぎの差は、基本姿勢が伏し浮き姿勢にあるか否か、と考えるとわかりやすい。そう考えると、プル動作とキック動作で、伏し浮き姿勢を崩さないことが大切になる。プル動作は小さく、呼吸で胸を起こさず、キック動作は水面から腰が離れないように意識する。

Let's TRY!!
アメンボウになってみる

水面を滑るように泳いでみよう。まるで、アメンボウになったイメージで、浮き身を意識し、体全体を水面付近に浮かせ、水面を滑っているかのように泳いでみる。

弱点を 克服!

伏し浮き姿勢でフラットに浮けるかどうか、チェックしてみよう。体型や体脂肪率に関係なく、肺に十分空気を入れたなら、誰でも浮けるはずだ。

コツNo.

36

ヒジから先と
ヒザから先の
意識を弱め、体幹に近い筋肉で泳ぐ

ココが
\ 改善 /
力んでしまい、
疲れるばかりで
スピードのでない泳ぎ
を矯正できる。

筋肉の緊張と
弛緩を活かし
的確に動かして泳ぐ

　平泳ぎは抵抗の多い泳ぎだ。そのため力めば力むほど下半身が沈んだり、プルとキックのタイミングが合わなくなる。

　しかし力んでしまうからといって、力を抜くだけではうまく泳げない。**的確な筋肉の使用と、緊張と弛緩のバランスが大切**だ。効果的な練習として、ヒジから先とヒザから先の力を抜いて泳ぐ方法がある。体幹部に近いところに意識を置くことで、より大きな筋肉を使って泳げる。

👆 効くツボ

1 水に助けてもらう

2 最適な筋肉を使って泳ぐ

3 弛緩と緊張をうまく使う

効く ツボ 解説
Interpret

解説 1 水と喧嘩せず、水に助けてもらう

水には流動性があるため、動かされると、その動きがしばらく続く。そのため、ある動作が抵抗を生んでしまうと、しばらくの間、それが続いて水は敵になる。大切なのは、プルをコンパクトにまとめることと、脚部を浅い位置で引きつけること。それらを意識してトレーニングしよう。

解説 2 目的に合致した筋肉を使って泳ぐ

意識を体の末端ではなく、体幹近くに置けば、より大きな筋肉を使って泳ぐことができる。末端の小さな筋肉より、パワーも持久力も高いレベルで実現できる。最適な筋肉群を使い、効率のよい泳ぎを実現しよう。ヒジ下とヒザ下がなくなったかのように意識して泳ぐと、違いが分かる。

解説 3 筋肉の弛緩と緊張のバランスをとって泳ぐ

筋肉に力を入れっぱなしにすると、すぐに疲労する。そこで、筋肉を効果的に動かすために、力を入れる局面と抜く局面を明確にしよう。脚部なら蹴り出す瞬間に、プルなら外から内に回転させる瞬間にだけ緊張させる。ストリームラインやその他の動作中は出来るだけリラックスさせる。

Let's TRY!! 効率のよい加速と減速

車で加速と減速を繰り返すと、燃費が落ちる。平泳ぎは大きな加速と減速を繰り返す泳ぎである。だからこそ、できるだけブレーキを使わないよう心がけたい。

弱点を克服！

四肢の関節が必要以上に伸びきっていないだろうか。泳ぎに必要な肩甲骨や肩、ヒザや足首の関節に、わずかにゆとりを持たせ、泳いでみよう。

ERROR

ERROR

コツ No.

37

水面と平行に伸びる

平泳ぎだけの動作をマスターする

■ 効率よく、無駄のない 1かき1蹴りを マスターする

　1かき1蹴りの苦手な人は、スタートやターンで得られるエネルギーを無駄に失いやすい。飛び込みやターンでは、まず**水面に対して平行に伸びること**が重要である。次に泳ぎのトップスピードに落ちるまで待ち、両手を肩幅でまっすぐ引っぱるようにする。再びスピードが落ちるのを待ち、キックで浮上して1かき目に入る。1かき目は細心の注意を払って上半身を起こさないようにする。

ココが
＼ **改善** ／
飛び込みやターンで体が浮いたり、沈んだりして遅れることがない。

👆 効く**ツボ**

1 水中で伏し浮き姿勢をとる

2 急な方向転換をしない

3 浮上して1かき目を平らに

効く ツボ 解説

Interpret

解説 1 最高のストリームラインで、水中を進む

NG

写真のように傾いて水中を進むと、水の抵抗を受け、失速してしまう。最高のストリームラインは、蹴伸び姿勢や伏し浮き姿勢と同じである。正面から見た面積が、もっとも小さくなるよう心がけ、浮心と重心のバランスを取り、水面と水平になるように、姿勢をコントロールしたい。

解説 2 急激な姿勢変化や方向転換をおこなわない

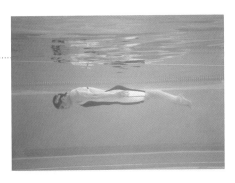

写真は1かきを終えた直後の姿勢だ。解説3の写真に続く場面でもある。可能な限り水平に進んだ後、しっかりとかき、ふたたび効率よく前進してから、1蹴り動作で浮上したい。可能な限り、体を反らせたり丸めたりせず、まっすぐな姿勢で浮上することが大切だ。

解説 3 浮上して1かき目に失敗すると高くつく

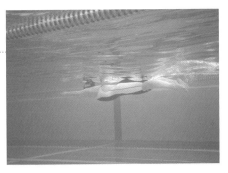

ターン後は呼吸が苦しくなり、1かき1蹴りをおろそかにしてしまいがちである。急浮上してしまうスイマーも多く見かけられる。しかしタイムを伸ばしたいのなら、ストリームラインを維持して、1かき1蹴りをしよう。体を反らせ、すぐに浮き上がることだけは避けるべきである。

Let's TRY!! フラットな動作を心がける

水中動作も浮き上がり動作も、急な方向転換や姿勢変化を避けるべきである。水深にかかわらず、自分の進む角度を感じとり、少ない角度で浮上できるようにしたい。

弱点を克服！

蹴伸びをチェックしてみよう。壁を蹴って何メートルくらい進めるだろうか。10メートルに足りないなら、蹴伸び練習も必要だ。

楽しく泳ぎ続けるには結果が必要。
予定を組んで、スケジュールや
練習内容を考える

By　角皆優人

　楽しく泳ぎ続けるには、ある程度の結果が必要になります。たとえば、今まで
できなかったことができるようになるとか、今までより速く泳げるようになるとか、
より楽に泳げるようになるとか。そういう具体的な結果が必要なのです。それら
がないと、水泳は単に心拍数を上げるための、苦しいつまらない道具に堕ちて
しまいます。

　何かの結果を出すためには、まず定期的な練習が必要です。最低週に一回、
できれば二回以上の練習がほしいところです。次に休息。休むことなく、仕事で
も水泳でも、無理して続けていれば体や心が壊れてしまいます。壊れたら、泳
ぐことすらできません。壊れた部分を直すのが休息で、練習以上に大事なもの
です。最後に栄養。体は毎日食べるもので作られます。体や脳が働くのも、栄
養があってこそ。

　結果を出す方法として、まず予定を組み、日程と練習内容を考えてみましょう。
続いて練習に合わせて休息時間を設けます。最後に毎日の食事に、少しでいい
から気をつけるようにするといいでしょう。

　これら三つが揃えば、あとは続けるのみ。時々大会に出て、タイムをチェックし、
練習内容を見直してみるのもおすすめです。そうすれば、いつしか結果が出る
ようになります。そして、泳ぐことの喜びだけでなく、年齢とは関係のない進歩
という喜びも味わうことができるはずです。

PART 3.

安全で、効率のよい泳ぎのため

スタート＆
ターン

より速く、スムーズに泳ぎだし、
自分のタイムを更新したいなら、
スタートとターンは無視できない。
ほんの少しの技術改革で、タイムを大きく短縮できる。

コツ No.

38

重心の
平行移動で
スタートは上ではなく前に滑り込む

蹴りが
上方向になると
タイムロスしやすい

グラブスタートは両脚で
同時に踏み切るため、強く
蹴ることができる。しかし、
力を発揮できるがゆえ、蹴
りが上方向になりやすく、
タイムロスしやすい。

最速のスタートをねらう
なら、構えた姿勢から
まっすぐ前方に飛び出
す。構え姿勢の重心を、そ
のまま平行移動させ、浅い
角度で水に刺さるのだ。入
水ではなるべく水を叩かず、
一点から全身を滑り込ませ
たい。

効く**ツボ**

1 ヒザを曲げすぎない

2 重心を前に置く

3 入水は一点から

効く **ツボ** 解説
Interpret 解説

解説 1 ヒザは、軽く曲げる程度で構える

ヒザを曲げすぎると、スタート合図に反応（リアクションタイム）が遅れるばかりか、ジャンプ力も失ってしまう。ひざ角は120度前後でもっとも力を出すことができるため、その角度よりわずかに伸ばして構え、スタート合図で、筋肉の伸張反射を利用して飛ぶ方法がベストだ。

解説 2 重心をできるだけ前に置いて構える

スタート台では、まずしっかりと台に指をかけること。次に自分の重心をできるだけ前に置いて構えることが大切だ。水泳の有名選手のなかには、手で台を押さえ、落ちるのを防ぐ人もいる。最適な方法は、リラックスして静止できる範囲の前重心である。

解説 3 入水は一点から、水を乱さずに滑り込む

スタート台から前に飛び出したら、体を貫く軸を入水に備えて傾ける必要がある。軸を傾けるために、まれに空中で姿勢変化させる人を見るが、踏み切り動作で頭をさげ、足が浮いてくるよう蹴り出して、傾けるほうが一般的だ。つまり、体がまっすぐになったまま空中を飛ぶ方法である。

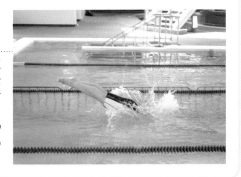

Let's TRY!! 高さを変えて飛んでみよう

グラブスタートから、さまざまな高さになるよう飛んでみよう。飛び出しの角度を変えることで、スピードが変わるのを体感し、最速のスタートを見つけるのだ。

弱点を克服！

どうしても胸や腹を打ってしまうなら、足を水に入れてプールサイドに座り、低いところからスタートしてみよう。床から飛ぶイルカ跳びもよい。

コツ No.

39

前足で 体を押し出し

後ろ足を蹴り上げて入水角度を調節

トラックスタートでは、後ろ足で入水角度を決める

オリンピックや全日本選手権など、レベルの高い選手の間では、トラックスタートが主流である。しかし、必ずトラックスタートが速いわけではない。なぜなら片足で蹴るため、グラブスタートより遠くに飛べず、結果的に遅くなることも多いのだ。

トラックスタートは、前足で踏み切る。前足で跳び、後ろ足で体の角度を決める。後ろ足の蹴り上げ動作で、体全体の傾きを調整し、入水角度を決める。

効く**ツボ**

1 重心を前に構える

2 重心を後ろに構え腕を引く

3 前足で体を押し出す

効く ツボ 解説 Interpret

解説 1 重心がつま先にくるよう 前に構える

トラックスタートの構えには2種類ある。1つは重心を台の前に構える方法。もう1つは重心を後ろに構える方法だ。写真のように前に構えた場合、重心はつま先に来る。選手によってはスタート台を手で押さえるほど前に構える場合もある。前に構えた場合、できるだけリラックスしよう。

解説 2 重心を後ろに引き、手で引いて待つ

重心を後ろに引いて構えると、両腕が緊張した状態で号砲を待つことになる。体が引かれているため、重心の移動距離は大きくなるが、両腕の引きによるエネルギーが使えること、反動が使いやすいことが利点であり、そうした点で、この構えを採用するスイマーも多い。

解説 3 前足で押し出し、後ろ足で蹴り上げる

後ろ足で上に向かって蹴り上げることで体軸を傾かせ、前足で蹴り出すことで体を前に押し出すように左右の足を使い分ける。足の裏やカカトを、天上方向に蹴り上げ、その慣性を利用して、体を前のめりにする。グラフスタートより、入水角度の微妙な調整ができる飛び込みだ。

Let's TRY!! 重心位置を変える

さまざまな重心位置で構えてみよう。自分に最適な構えを、試すことで把握する。5メートルまでのタイムを計ったり、飛び込んでどこまで進めるかを計ったりする。

弱点を克服！

前足で、しっかり体を押し出せているだろうか。片足のみで体を蹴り出すため、足の指が確実に台をつかまえていることが大切だ。

コツNo.

40

飛び込みは
一点から入水して

体の一部で水を叩かない

飛び込みは
飛ぶだけでなく、
入水が大切だ

どんなに速く力強く飛んでも、入水で減速しては台無しだ。入水は飛び込みで、もっとも高度な技術を要求される部分である。

まず、空中で体軸を適当な角度に傾けるために、重心を前に移動させつつ、足が上がるような踏みきりが必要となる。次に一点から入水する時、全身が直線、またはわずかに反った姿勢が大切だ。入水時に腰が折れると、胸や脚で水を叩いてしまい減速しやすい。

効く **ツボ**

1 一点から入水する

2 体の一部で水を叩かない

3 下半身で加速する

効く **ツボ** 解説

Interpret 解説

解説 1 入水では、手が突いた 穴から全身を通過させる

重心を平行移動させ、浅い角度（30度程度）で入水したい。45度以上の角度で入水すると、大きな抵抗を受けてしまう。入水は、手が突き破った穴から、全身を通すように体をまっすぐに。上半身が入水したら、ストリームラインを強調しつつ、肩関節をわずかに反らせ、浮上に備える。

解説 2 顔や胸、腹や脚で、 水を叩かない

どんな体の部位でも、強く水を叩くと大きな抵抗を生み出してしまう。それを防ぐため、入水時はできるだけ体を一直線にし、静かに水に突き刺さるようにしたい。1つの判断材料として、入水で起こる水しぶきがある。できるだけ水しぶきを立てず、音も小さな入水を心がけるのだ。

解説 3 入水したらわずかに体を 反らし、反動を使って加速する

全身が入水したら、肩関節を反らせ、わずかに体を反らせるようにして浮上する。全身のわずかな反りを利用して、上方向へと方向転換するのだ。肩関節から始まった反りが、しだいに胸から腰へと移動し、最後に両膝が伸ばされる。まるでドルフィンキックするように反りが解消され、加速する。

Let's TRY!! 飛び出し角度を変える

飛び出し角度を変えると、飛び込み姿勢まで変わる場合も多い。自分に最適な角度を見つけるため、あえて高く飛んだり、低く飛んだり、その中間に飛んだりしてみよう。

弱点を克服！

入水時に体が折れたり、反ったりしていないだろうか。空中で折れたり、反ったりしたとしても、入水時だけは、体をまっすぐ伸ばしてみる。

コツ No.

41

水の抵抗を
減らすには
背中で水面を滑る

\ ココが /
改善
力ばかりが必要で、
推進力のない
背泳ぎのスタートを
改善できる。

背泳ぎのスタートにある
3つのポイントを
理解する

　スターティング・デバイスを使用しない場合、背泳ぎのスタートには3つのポイントがある。第1は、背中で水面を滑るように踏み切る技術である。オリンピック選手であれば、ここで空中に出るが、飛び出るより背中が水面を滑るように、抵抗を抑えて蹴る方が効率がよい。背中や腰が水についていても、抵抗とならないよう体を反らせて伸ばすのだ。第2は、しっかりとバサロキックを打つ。第3は、フラッターキックに切り替えて浮上する。

効く**ツボ**

1 背中で水面を滑るように

2 まずはバサロキック

3 フラッターキックで浮上

効く ツボ 解説

Interpret

解説1 背中で水の抵抗を生まない ようにスタート

背泳ぎのスタートは、プール壁面の材質
に大きく左右される。場所によっては、足
が滑りやすい壁も多い。そこで、背泳ぎ
のスタートでは空中に高く飛ぼうとするより、
水の上を滑るように踏み切ろう。そうすると
足が滑ることなく、抵抗も最小限に抑えら
れる。

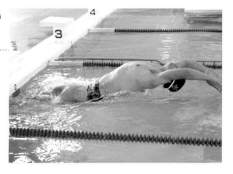

解説2 飛び込んだら、 バサロキックで進む

飛び込んで自分の最高泳速付近になった
ら、泳ぐより速いバサロキックで進む。スイ
マーによって進む距離はさまざまだが、バサ
ロキックを鍛えれば、泳ぐより速く、体力も
温存できる。競泳ルールでは15メートル
まで認められているため、ぎりぎりまでバサ
ロキックで進む選手も多い。

解説3 バサロからフラッターキック に変えて浮上する

バサロキックで進んだなら、フラッターキック
で浮上する。これは浮上したら、すぐストロー
クにつなげるためである。ただ、フラッター
キックは泳ぐスピードより遅いため、打つ回
数を6回以内とし、数を打ちすぎないように
する。滑らかに浮上するためのテクニック
と考えよう。

Let's TRY!! 足の位置を変える

スタート姿勢をとり、さまざまに足の位置を変え
トライしてみよう。ルール上、足の位置はどこ
でもよい。位置を変えると、スタートは大きく変
わる。最善の位置を見つけよう。

弱点を克服!

用意の姿勢で、体を高く上げすぎてい
ないだろうか。足を高く置き、腕で体
を引き上げると、強い筋力が必要にな
る。ゆとりのある姿勢で構えること。

PART. 3 浮き方の見直し・改善　**97**

コツ No. 42

浮き上がりはキックを
打って、飛び込みの勢いを持続

ココが改善
飛び込みの勢いを活かせない浮き上がりを直すことができる。

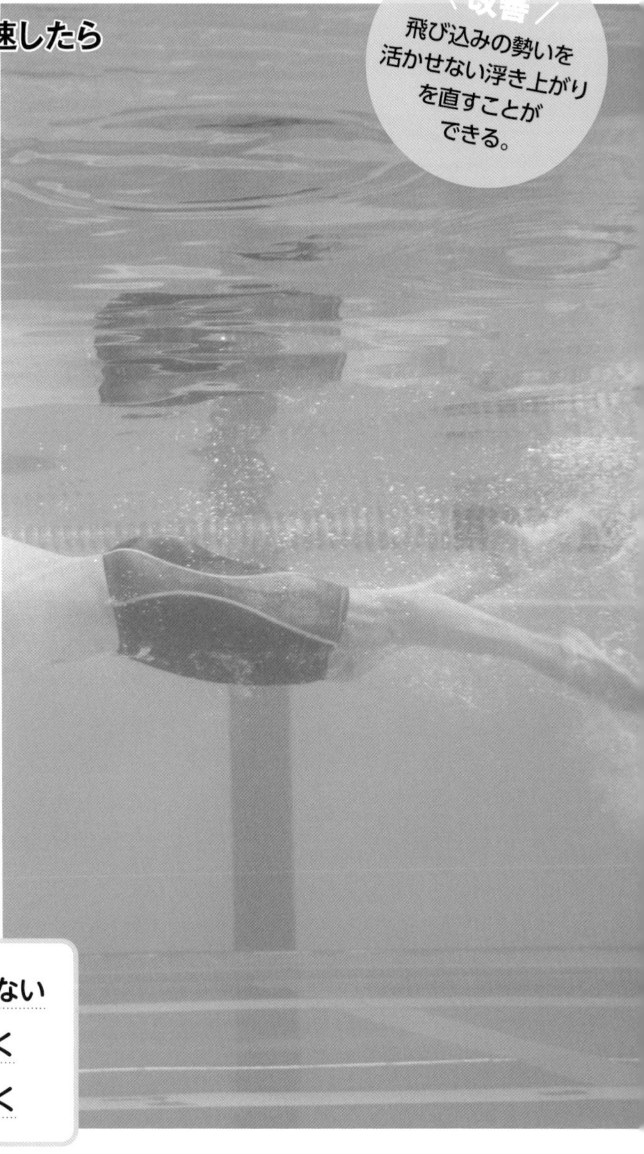

飛び込んで、やや減速したらキックを打って、浮き上がる

飛び込みは、もっとも泳ぎのスピードの速い場面である。その勢いと慣性を維持し、距離を伸ばすには浮き上がりが大切だ。

飛び込んだらまずストリームラインを維持する。次に泳速の**最高点付近に達したらキック**を打ち、**浅い角度で浮上**する。キックはドルフィンキック、もしくは自由形のフラッターキックがいい。腕の動きが抵抗とならない位置まで浮上してから、ストロークをはじめる。

効くツボ

1. キックを早く打ちすぎない
2. ドルフィンキックで浮く
3. フラッターキックで浮く

解説 ① 少し減速してから キックを打ちはじめる

飛び込んだら、しばらくストリームラインを維持して進むことが大切だ。ここがもっともスピードの速いところだからだ。キックを早く打ちすぎるとブレーキになるので、自分の泳速の最高点付近に近づいてからキックを打ち始め、ゆるやかな放物線を描いて浮上する。

解説 ② ストリームラインから ドルフィンキックで浮く

もっとも多く見られるのが、飛び込みからドルフィンキックで浮く方法である。ストリームラインで進んでから、蹴り幅の小さなドルフィンキックを1回から5回ほど打って浮上する。中にはルール上認められている15メートルまで、ドルフィンキックで進む選手も見られる。

解説 ③ ストリームラインから フラッターキックで浮く

マスターズレースで多く見られるのが、飛び込みから自由形のフラッターキックで浮上する方法である。ストリームラインで進んでから、蹴り幅の小さなフラッターキックを打って浮上する。フラッターキックの場合、水中で進む距離を伸ばそうとせず、滑らかに浮き上がる方が速い。

Let's TRY!! キック数を変える

ドルフィンキックとフラッターキックの両方で、キック数を変えてタイムを計る。12.5メートルまでのタイムを計り、もっとも速い浮き上がりを身につけるのだ。

弱点を克服！

飛び込みで腹などを打つと、せっかくの勢いが消されてしまう。手で水面を破り、その穴から全身を差し込む意識を持とう。

コツ No.

43

壁際で
ひねりすぎずに
上下動を抑えてターン

無駄のない、速いタッチターンを身につける

タッチターンでは、しっかり両手でタッチすることが大切だ。次に腕の押しで体を反転させる。回転方向にある腕(左ひねりなら左腕)で壁を押し、上下動を抑え、体を回転させる。回転角度は90度が最適。反転のきっかけをつかんだら、もう片方の腕で体全体を水に押し戻し、腕を空中移動させ、近い位置で入水。水中では素早くストリームラインを作り、壁を蹴って、蹴伸びから90度回転する。

効くツボ

① 両腕で確実にタッチする

② 腕の押しで反転する

③ 片腕は空中を移動させる

効く **ツボ** 解説
Interpret 解説

解説 ① タッチは両腕を 同時に、確実に

タッチする時、体全体に大きな推進力が
あればあるほど、ターンは素早く、かつ楽
になる。なぜなら、推進力の反動をターン
に利用できるからだ。そのためターン前で、
壁に向かって加速するような意識が欲し
い。ストリームラインで、両腕をしっかり前
に伸ばし、勢いよく確実にタッチだ。

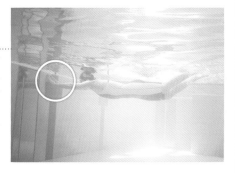

解説 ② 回転側の腕で反転し、 もう片腕で潜る

両手同時のタッチから、回転側の腕を引い
て体を反転させ、もう片腕の押しで全身を
水に沈める。これらの動作で大切なことが
2つある。まず、重心を上下に動かさない
こと。次に、反転角度を大きくとりすぎな
いことだ。体は90度だけ回し、無駄な動
きを省く。

解説 ③ 体を押した腕は空中移動 させ、近くで入水させる

腕の押しで体を沈め、押しの慣性を利用し
て腕を水に戻す。ヒジは伸ばさず、水の
抵抗を生まないよう鋭角に腕を入水させる。
全身が潜ったら、素早くストリームラインを
作り、全身の姿勢を確認しよう。両脚が
横向きの姿勢から壁を蹴り、残り90度体
を回転させる。

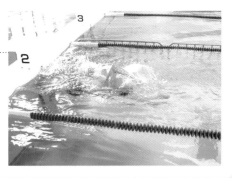

Let's TRY!! 練習のターンを大切に

ターンほど繰り返し練習するものはない。常に
このページで紹介したコツとツボを意識したい。
動作を理解し、自分がどのように動いているか
を確認しながら反復すれば、確実に上達する。

弱点を克服!

呼吸のため、水から体が上がりすぎて
いないだろうか。ターンで呼吸がした
いあまりに頭が上がると、壁からの反
動を得られず、ターンが難しくなる。

コツ No.

44

クイックターンは
まっすぐに回り
壁際で90度ひねる

クイックターンは
前方宙返りである

自由形でクイックターンは標準技術となった。タッチターンよりも遅くならないために、次の要素を守ること。

まず、的確な位置で回転を始めること。5メートルラインで心の準備をし、壁際のマークと壁を計ってまっすぐ回転する。そのまま蹴る方法もあるが、タッチターンと同じく 90 度ひねって蹴る方がやさしい。その後さらに伸びながら 90 度ひねるのだ。

効く**ツボ**

1 まっすぐに回る

2 壁際でわずかにひねる

3 蹴伸びでまっすぐになる

効く **ツボ** 解説 Interpret

解説 1　的確な位置で、まっすぐに回転する

5メートルラインから加速するつもりで壁に近づくことが大切。スピードがあればあるほど、クイックターンはうまくいく。次に、壁際のマークと壁を見て、位置と距離感を計って回転する。この時、まっすぐ回るよう注意する。回転軸を感じながら、ストレートに素早く回転するのだ。

解説 2　ひねりはタッチターンの要領で

壁に足を伸ばすとき、90度くらいのひねりを加えるといい。ひねらず上向きのまま蹴ってもよいが、蹴伸びで反転するのは難しい。そのため、本書ではひねってから蹴る方法を薦めたい。回転したら、タッチターンと同じ足位置となるくらいまでひねり、壁に足を着くのだ。

解説 3　壁を蹴り、蹴伸びで90度回転する

壁に足が着いたなら、足が横向きになっているかを確認してみよう。そこから強く壁を蹴り、ストリームラインを意識して残り90度をひねるのだ。ふだんの練習で、横向きから蹴り、ひねることも練習しておく。ただ、ひねりを意識しすぎて体が折れたり、曲がったりしないように。

Let's TRY!! 角度を変え、足を着いてみる

回転し、足を伸ばす時にひねる角度を、さまざまに変えて、試してみよう。本書のお薦めは90度だが、もしかすると、あなたにとって、よりふさわしい角度が見つかるかもしれない。

弱点を克服！

宙返りが、左右にねじれていないだろうか。どうしてもねじれるようなら、両手を体側にそろえ、気をつけの姿勢で回ってみるといい。

コツ No.

45

タイミングと呼吸が命

背泳ぎのターンはロープで計る

ココが
改善

余分な動作や
悩みの多い背泳ぎの
ターンを直すことが
できる。

背泳ぎのターンは、壁が見えないため、ロープを目安に

背泳ぎのターンは、自分の目で直接壁を確認できない。そのため5メートル位置に張られたロープを目安にして、ターンに入ろう。

ふつうロープより4かきから6かきくらいでターンに入るが、自分のタイミングに合った数を決めておく。そして、最後のかきからクロールのように腕を回して反転。同時に目で壁を確認し、クイックターンに入る。仰向けで壁を蹴るため、充分に呼吸をしておく。

👆 効く**ツボ**

1️⃣ **ロープでタイミングを計る**

2️⃣ **しっかりと呼吸する**

3️⃣ **蹴伸びからバサロキック**

Interpret 効く ツボ 解説

解説 1 ロープを使って壁からの距離を測る

5メートルラインに張られたロープは背泳ぎのためにある。壁を振り向かずとも、壁との距離を測るためだ。ロープを活かすためにも、ロープから反転までのストローク数を、ふだんの練習で決めておく必要がある。短水路の場合、まれに全ストローク数を数えてターンに入る人もいる。

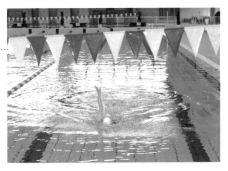

解説 2 上向き蹴伸びに備え、しっかりと呼吸しておく

ターンから上向けの蹴伸びをおこなう背泳ぎでは、呼吸が大切だ。なぜなら、蹴伸びで鼻から水が入りやすいためだ。反転の際、しっかり呼吸しておかないと、バサロにつながらない。ロープでタイミングを計り、腕を回して反転する時、充分に息を吸い、肺に空気を溜めておこう。

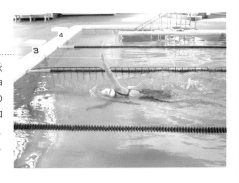

解説 3 まっすぐに回り、蹴伸びし、バサロからフラッターキックで浮上

肺に空気を入れたら、まっすぐに回転しよう。足が壁に接地したと同時に、両腕を伸ばして重ね、上半身にストリームラインを作る。壁を蹴って体が伸びたら、バサロキックに移り、次にフラッターキックで浮上。これが、もっとも速く、エネルギー効率のよいターンとなる。

Let's TRY!! 距離を変えてタイムを計る

バサロキックで進むべき距離は、個人差で大きく異なる。息止めの能力差や、バサロのスピード差で、どのくらいの距離まで行ったら最速なのか、タイムトライアルしてみるのもいい。

弱点を克服！

背浮き蹴伸びの時、鼻からゆっくり息を吐く練習をしておこう。壁を強く蹴ると、その時に一気に息を吐いてしまう場合が多いので、要注意だ。

あきらめず、頑張りすぎず、努力を紙一枚ずつ重ねるように続けていきたい

By　柳澤晋平

　昔は多くの水泳選手が、年をとると泳ぐのをやめていた。現役時代の速さを維持できず、過去の栄光をつぶすから…と。しかし今は違う。年齢を重ねて泳ぎ続けることこそ、本当に価値あることと信じられるようになってきた。実際、マスターズ水泳に参加するスイマーの数も急増している。

　強制的に泳がされたり、遅いと怒られたりして泳ぐのではなく、あくまでも自発的に泳ぐ。いくつになっても速くなりたいから泳ぐ。そんな自分の意志で泳ぐことこそ尊いと気づくようになった。だから、「泳ぐのはなぜ」と尋ねられたら、すぐ「泳ぐのが好きだから」と答えられる。

　ガムシャラに泳いだ青春時代。二度とあんなふうには泳げない。体が壊れるまで、トレーニング効果が台無しになるまで泳いだものだ。

　年齢を重ねながら泳いでいると、健康でいつまでも泳げることが、ほんとうに幸せだと感じられるようになる。そして泳ぎ続けたなら、そこに最高の喜びが待っていてくれると信じられるようになる。

　何年かかっても最高の泳ぎにたどり着くまで、わたしは泳ぎたい。あきらめず、頑張りすぎず、努力を紙一枚ずつ重ねるように続けていきたい。そうすれば、最高の泳ぎが待っていてくれると信じられるから。

PART 4

実際に泳ぐ前に

泳ぎに役立つ体調管理

健康を保ちながら泳ぎを上達させるためには
練習だけでは足りない。
練習に加えて、栄養（食事）、そして休息という
三要素がバランスよく揃ってこそ実現できる。

コツ No.

46

練習・休息・栄養の

3つをバランスよく取り入れる

ココが
\改善/
苦しみに耐えて、
長い時間を費やしても
効果の出ない練習が、
変わる。

練習と休息、栄養が揃って、はじめて進歩する

　本書を手にする大人のスイマーは、誰しも**年齢的にも、体力的にも、若い頃とは違う**と実感しているはず。そんなスイマーが、もっと速く、もっと長く泳ぐには、次の３つの要素が必要となる。第１に練習。できれば週に２回以上、１回１時間くらいで定期的に行う。第２に休息。練習後に十分な休息をとり、血圧が高いなど不安があれば休む。第３に栄養摂取。バランスのよい食事は必須だ。

👆✨ **効くツボ**

① **定期的な練習を**

② **練習後は積極的回復を**

③ **水分補給で機能アップ**

効く ツボ 解説
Interpret

解説 1 体力と生活リズムに合わせた定期的な泳ぐ練習を

練習する時間を確保するには、自分の体力と生活リズムの把握からはじめよう。若いころは体力があるので、練習期間が空いてもカバーできるが、年を重ねてきたら、週に2回以上、1回1時間を定期的に行う。その日にやる内容や課題を決めておき、少しずつ無理のない練習を重ねる。

解説 2 練習後の軽い運動が、体力回復を促進

水泳は体力の消耗が激しい。練習をすればするほど、回復するための休息が必要だ。休息には、体を動かさない消極的休息と、軽い運動をしながら休む積極的休息がある。どちらも大切だが、ストレッチなど、軽く体を動かすコンディショニング的な休息を、意識的に取り入れたい。

解説 3 バランスのいい1日3食と水分補給で機能アップ

五大栄養素（たんぱく質・脂質・炭水化物・ミネラル・ビタミン）をバランスよくしっかりと摂りましょう。空腹時に練習する際には、事前にバナナなど消化のよい炭水化物やBCAA（アミノ酸）を摂ることも必要です。練習中の水分補給にも注意しましょう。

Let's TRY!!
練習ノートを作ってみよう

練習ノートを作り、まず一週間分くらいの練習計画を書いてみよう。実行日時を決め、トレーニング内容を決めてみる。計画性を持つことで、大きく効率がアップするはずだ。

弱点を克服!

無理な計画を立てていないだろうか。厳しすぎる計画は、体を壊し、故障する原因となりやすい。自然に動きたくなる程度の計画を立てることが大切だ。

コツ No.

47

頑張りすぎずに マイペース

練習の目的と効果を理解する

ココが **改善**
なかなか記録向上に つながらない トレーニングを 改善する。

練習には種類があり、目的に合わせて鍛えることが大切

より速く、より長く泳ぐだけでなく、自己ベストを出したり、記録更新を狙おうとしたら、日々の練習と目的・効果をつなぐ意識が大切だ。目的に応じた練習を選択して実行し、はじめて結果につながる。

目的と効果を考えた時、この本の大部分で触れている技術の習得、練習以外にも、大切な要素がある。それは体力と気力。**体力と気力なしに、理想の泳ぎを得ることは難しい**のだ。

効くツボ

1 練習の特性を知る

2 室内トレで効率よく

3 頑張りすぎない

\解説/ 1 技術練習と体力トレーニングの特性を理解する

技術トレーニングは実際、泳ぐことを中心にしたトレーニングで、泳ぐ技術を磨くための練習だ。体力トレーニングと誤解している方もいるが、明確に分けること。技術トレーニングと体力トレーニングを兼ねるケースもあるが、それぞれの特性を把握することが練習効率を増す。

\解説/ 2 筋力や瞬発力を、室内トレーニングで効率よく

より長く、楽しく泳ぐのでも、自己タイムを伸ばすのでも、体力トレーニングは避けて通れない。体力は泳いでも強化できるが、筋力や瞬発力など、ドライランド（室内）でおこなった方がより効果的な場合もある。自分の弱い箇所、衰えた力を知り、もっとも有効な練習を見つける。

\解説/ 3 頑張りすぎず、リラックスした練習で気力が充実する

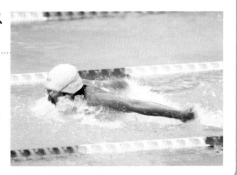

自分の力を発揮するなら、気力の充実が必要不可欠だ。そこで、日ごろの練習では他人を気にせず、自分のペースで泳ぎ、水泳を楽しむことが大切。ふだんから頑張りすぎず、楽しもうとする心が心身をリラックスさせてくれる。あきらめず、水泳をねばり強く続けていこう。

Let's TRY!! 自分を分析してみる

自分のどこが優れていて、どこが劣っているか、冷静に分析してみる。たとえば技術・体力・気力では、どこが優れ、どこが劣っているのかを判断し、弱いところを補強していくのだ。

弱点を 克 服!

技術・体力・気力に少しでも不安があれば、スクールやクラブの指導者、専門家に相談を。年齢や生活リズムに合ったアドバイスがもらえるはずだ。

コツNo.

48 意識性と個別性で伸びる

意識的に練習を組み立てる

ココが
改善
考えすぎたり、悩んだりするばかりで、伸び悩む癖が改善される。

技術練習をトレーニングの中心に据える

日々の水泳の練習を、ただ漠然とやっていても成果は上がらない。限られた時間と体力の中で、効率よく水泳を上達させるために、力を注ぐべき要素がある。

まず意識性。**今やっている練習が何のためなのか、意識する**ことが大切だ。次に個別性。同じ練習をしても、個人によって効果が変わってくる。その**違いを理解する**こと。最後に反復練習。体に覚え込ませるために、充分な反復練習を。

効くツボ

1. やることへの意識をもつ
2. 個別性を考えたプラン
3. 無意識でもできる

解説 ① 自分の技術や体力の把握と、やることへの意識が大切

練習を何のためにおこなうのかを理解し、それを常に意識する。ただクロールを泳ぐのと、プルの手の動きやヒジの角度を意識しながら泳ぐのとでは、上達の早さが違う。そのためにも、自分の技術や体力を把握することが大切だ。自分を知ることで、はじめて次のステップが見えてくる。

解説 ② 個別性を考えた練習計画を作る

同じ練習を続けても、人によって効果が変わる。それは個性であり、個体差である。他人ができていて、自分はできなくても焦る必要はない。自分に合った練習計画を立てることが大切だ。技術だけでなく、体力や気力、生活習慣なども考慮して、最適なトレーニングをみつけよう。

解説 ③ 無意識でもできるように反復練習

身につけた技術は反復練習なしには、完成しないし、練習しないと忘れることもある。最初は、修正箇所を強く意識しながら反復し、できるようにする。次に、意識せずともできるレベルまで反復すること。無心でできるようになってはじめて、自分のものになったといえる。

Let's TRY!! できそうな方法を自分で探す

うまくいかないときは、うまくいくと思える方法をまず自分で考え、トライしよう。それでできたらOK。できなくても自分で考えて、練習する癖がつくため、もっと意欲的になれる。

弱点を克服！

自己分析に自信がなければ、指導者のほか、仲間のスイマーに聞くのもいい。また、水泳クリニックは、たくさん開催されているので、参考にしては。

コツNo. 49 手っ取り早く伸ばせる
体力の向上が泳ぎに若さを与える

肉体能力が向上すれば、記録も向上する

スイマーは、泳ぎ中心の練習をしがちだが、泳がずとも、泳ぎの上達に効果的な方法がある。**自分の体力を向上**させることだ。無理は禁物だが、水泳の練習にうまく取り入れ、若さを保ちつつ、より健康的に、泳ぎにつなげたい。

ここでいう体力には、3つの要素をさす。心肺機能を中心にしたエアロビクス能力。次に強さと瞬発力を中心にした筋力。最後に体を操ったり、バランスをとったりする巧緻性である。

ココが \改善/
エネルギーばかり費やし、効果の乏しい練習を改善できる。

効くツボ

1 インターバルトレーニングで心肺を強化

2 筋力UPが記録更新の近道

3 巧緻性を向上させる

効く **ツボ** 解説

Interpret

解説 1 距離と時間を定めたサイクル練習で心肺機能を伸ばす

心肺機能を伸ばせば、持久力向上につながり、記録向上にもつながる。心肺機能を鍛えるには、短い休息を置いたインターバルトレーニングが一般的で、水泳のサイクル練習の大部分が、このトレーニングにあたる。目標に応じた距離と、サイクル時間を設定できれば、必ず結果がでる。

解説 2 泳ぎとマシンを使った筋力アップが記録更新の近道

筋力アップは簡単にできる記録向上への道だ。高齢者でも的確なトレーニングを行えば筋力がアップし、短距離のタイムが向上する。泳いで筋力アップしたいなら、パドルやフィンの使用が効果的だ。ウェイトやマシーン・トレーニングを併用できるなら、より高い効率が期待できる。

解説 3 巧緻性を向上させて伸びる

巧緻性には、体を思い通りに操り、バランスを保つ他に、関節の柔軟性も含まれる。とくに抵抗の少ないスムーズな泳ぎや、伏し浮きなどの基本技術には、肩周りの柔軟性が大切。肩甲骨と上腕骨を中心に、自分の柔軟性を確認し、練習にストレッチを取り入れる。足首の柔軟性も大切だ。

Let's **TRY!!**
他の練習もやってみる

泳ぐだけでなく、他の練習にもトライしてみよう。自分の改善すべき点を見つけ、水の中だけでないトレーニングを併用したなら、より短時間でより効果的な練習ができるはずだ。

弱点を克服！

練習の時間割りと、順番を見直してみる。練習は負荷が強く大きな筋肉を動かすものからはじめ、負荷が弱く小さな筋肉を動かすものへと移るように。

コツNo. 50 ウェイトトレーニングで
安全に、効果的に筋力強化

ココが改善
時間を費やしても、なかなか結果のでないトレーニングを変える。

ウェイト・トレーニングを効果的に使って力を伸ばす

筋力は何歳になっても、確実に向上できる。計画的なウェイト・トレーニングを併用できれば、より効果的だ。もしバーベルやマシンが使えなくても、**自分の体重を利用したトレーニングでも効果がある。**

プルを強化するベンチプレスや懸垂。キックを強化するレッグ・エクステンションやカール。スタートやターンを強化するスクワットやハング・クリーンを試してみよう。

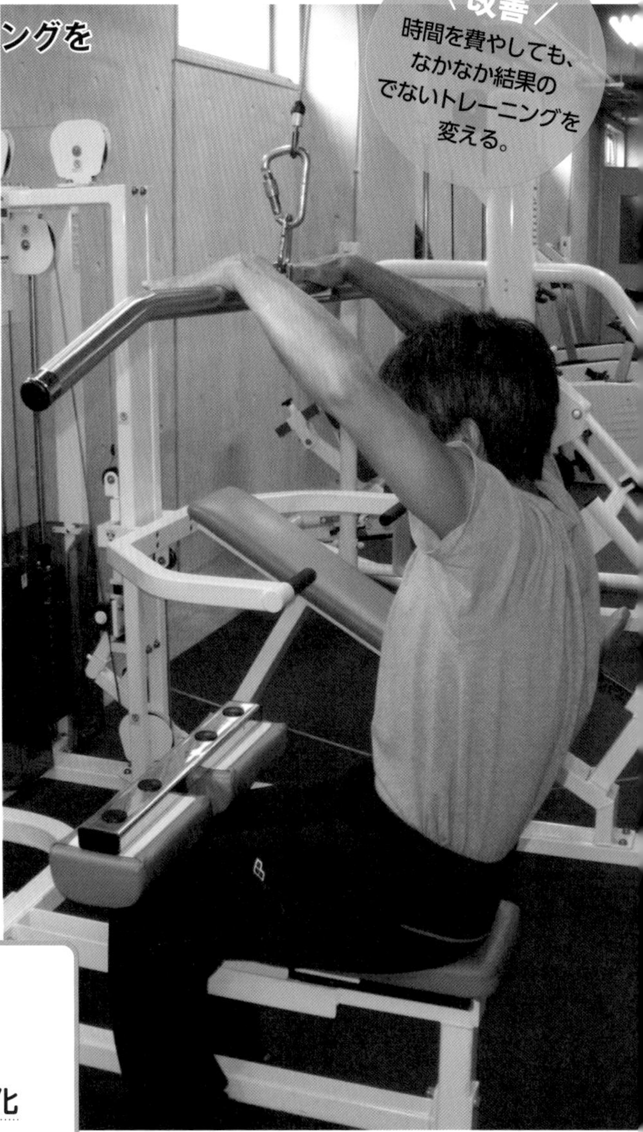

効くツボ

1. 上半身を鍛える
2. キックを強くする
3. スタートとターンの強化

効く**ツボ** 解説
Interpret

解説 1 上半身を鍛えて プルを強化

上半身の代表的トレーニングは、ベンチプレスと懸垂（鉄棒）である。ベンチプレスは腕立て伏せで代用でき、懸垂はラットマシーンで代用できる。世界的スプリントスイマーなら、誰でも強靭な筋力を誇っている。ウェイトに費やす時間が、プールより長い選手もいるくらいだ。

解説 2 回数を増やして じっくり下半身を鍛える

キックを鍛える代表的トレーニングとしてレッグ・エクステンションとカール、そしてプレスがあげられる。レッグ・プレスは主に平泳ぎのキックに効き、エクステンションとカールは他の3種目に有効である。適度な負荷を掛けて、20回くらいの回数をこなせるとよい。

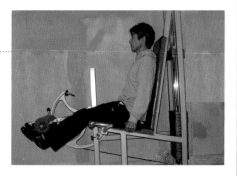

解説 3 スタートとターンの向上と、 キック力強化をつなげる

スタートとターンを伸ばすには、スクワットとハング・クリーンが最適だ。ウェイト入門者なら、まずスクワットからはじめたい。キック力向上にもつながるトレーニングだが、キック力なら20回程度。スタートとターンの力を向上させるなら、10回程度を基準に練習しよう。

Let's TRY!! 週2回のウェイト練習

週2回はウェイト・トレーニングをやりたい。そうすれば筋力アップは確実だ。難しければ、週2回泳ぐ前に腕立て伏せだけでもやってみよう。3か月続けたなら、きっと結果がでる。

弱点を克服！

ウェイト・トレーニングをおこなったなら、必ず回復するための休息をとろう。また超回復させるための栄養（タンパク質）摂取も不可欠である。

それぞれがそれぞれの理由で、泳ぐ訳

一生泳ぎ続けたい

**この本に協力してくれたスイマーの方々は、一生泳ぎ続けたいと願っている。
そんな気持ちを正直に話してみたら…。**

角皆　この本の制作にご協力いただいたみなさんにお集まりいただきました。

角皆優人

水泳経験や競技歴、指導歴など、さまざまに異なった立場のみなさんです。それぞれの水泳との関係や、水泳への思いを正直に語ってくださるとおもしろいのではないかと思っています。よろしくお願いします。

高橋　わたしはよくあるように、中学、高校とオリンピックをめざす水泳選手でした。特に高校は水泳のため、日大豊山

高校に行ったほどです。しかし、オリンピック出場は果たせず、すこしぐれ、水泳を止めてしまいました。10年ほど経ち、20才代後半になったときのことです。たまたま水泳の国体記事を見たら、中学時代の友人が、優勝していたのです。平凡な選手が、国体で優勝。ショックでした。そして「やはり努力は報われる」と信じられるようになったんです。

　水泳を再開し、自分なりの目標を掲げました。それが「100才で世界新」です。ですから、今はそれをめざして泳いでいます。

角皆（美）　わたしは中学、高校、大学とまったく違ったスポーツをやっていました。中・高はソフトボール、大学は野球です。小さい頃から水泳は好きでしたが、自分のスポーツではありませんでした。社会人になり、就職したスポーツク

角皆美穂

ラブで、水泳の指導者として活動をはじめたのが、専門的な関わりのスタートです。

　スポーツクラブで指導した後、故郷の教育委員会で水泳の指導員を始めることになったんです。そこで小学校の水泳と、中学校水泳部の指導を任されました。水泳部のコーチというのは、とてもおもしろい経験でしたね。練習時間も少なく、とことん練習することができなかったのですが、効果的なトレーニングメニューを考えて、それをこなす生徒たちのタイムが伸びていくのが、ほんとうに嬉しかったです。そのうち自分も一生泳いでいたいと考えるようになり、今はマスターズの大会にも出場しています。

高橋大和

簾田　わたしも美穂さんのように、若い頃は違うスポーツをやっていました。バレーボールをやっていたのです。30代の時、バレーボールでヒザを痛め、そのリハビリから水泳を始めました。リハビリがきっかけで水泳にはまってしまい、

簾田千恵子

それが高じて大会に出たり、水泳指導も
やるようになりました。ですから、本格
的に練習し始めたのは30才代後半から
です。誰でも、遅くからはじめても大丈
夫という見本ですね。特に体に故障や
怪我などの問題があり、他のスポーツで
は無理をできない状態でも、水泳なら続
けられるのがとても嬉しいです。

柳澤　わたしは小さい頃から水泳をやっ
ていました。超一流になったことは一度
もありませんが、国体は15回ほど出場
しています。ずっと泳ぎ続けてきたので、
効果的な練習ということをいつも考えて

います。会社経営から、なかなか時間が
とれないこともあり、短時間で効果的な
トレーニングをめざしているのです。近
頃は週に4回から5回、1回30分くら
いの練習で泳いでいますよ。

　水泳は一生続けていきたいですね。
マスターズ大会で、たくさんの素晴らし
いみなさんと友人になれるのも魅力の一
つですし、高橋さんのようにいつかは世
界記録にも挑戦できるようになりたいと
願っています。

丸山亮子

丸山　わたしも小さな頃から泳いできて
います。ずっと水泳に一生懸命な子ども
でした。大学も、憧れの指導者がいると
ころに進学し、ずっと泳ぎ続けました。
これまで選手としてかかわってきたので
すが、これからは水泳の指導やマスター
ズ出場という関係で、つながっていけれ
ば…と考えるようになりましたね。

　わたしはずっと感覚的な泳ぎばかりで

柳澤晋平

来たので、いろいろな意味でもう一度水泳を見直してみたいと感じています。やはり好きなのでしょうね。

日向　丸山さんと同じように、わたしも競技経験があります。ですから、水泳との関係の始まりは選手です。指導者となり、最初は選手を中心に指導してきましたが、近頃は選手だけでなく、初めて泳がれる方や、マスターズで泳いでいらっしゃるみなさんとの関係が増え、幅が広がってきました。年配のみなさんは、やはり健康のために泳がれる方が多いのですが、そのうち記録を出すことに努力されたり、よりよい泳ぎをめざされたりして、そんな意欲がとてもまぶしいですね。泳ぎ続けるみなさんはとても生き生きしています。

角皆　わたしは大学から始めたフリースタイルスキーで有名になりましたが、中学、高校と水泳選手でした。フリースタイルスキーには危ないところもあり、わたしは何度か大怪我をしています。右ヒザを３回手術し、１回目の手術後はリハビリで水泳をやりました。15年以上まったく泳いでいなかったのですが、数年前の大怪我から、ふたたびリハビリで水泳を始めました。それが劇的な再会となりましたね。水泳に再会していなかったら、

日向将一

きっとスキーもできない体になっていたかもしれません。水泳のおかげで、今も元気に滑ったり飛んだりできています。多少ヒザや腰が悪くても、頑張れる水泳は素晴らしいスポーツです。これからもみなさんと一緒に、一生泳ぎ続けたいと願っています。

望月　水泳はほんとうに身体にいい全身運動です。浮力があるため、足腰に故障のある方でも、素晴らしいトレーニングをおこなうことができます。マスターズのみなさんは、やりすぎと休養、栄養に注意して、ぜひ一生続けられてください。

望月一成

大人の水泳 新装版

知っておきたい 上達&改善のコツ50

すべての「コツ」と「ツボ」を一覧にしてみました。
ここに大事な教え方のコツが凝縮されています。
ひととおり読み終えたら、練習や大会のときに、切り取って持っていき、
確認してみてください。

著者

つのかいまさひと
角皆優人

群馬県高崎市生まれ。県立高崎高校卒業、青山学院大学中退。高校時代は200m個人メドレーで活躍。大学から始めたフリースタイルスキー（モーグル・バレエ・エアリアル）で全日本選手権総合優勝 7 回、種目別優勝 35 回という記録を残している。スキーで負った怪我や故障のリハビリから 40 才代後半で水泳を再開。その魅力を再確認し、50 才代でマスターズ水泳の競技会に参加。2007 年にジャパンマスターズ初優勝（50 m自由形）以降、自由形とバタフライ種目で優勝多数。現在も各種目で大会記録の更新を続けている。
F-style Club（http://swim-lesson.info/）
この本に書かれているメソッドを基に、F-style Club では定期的に水泳クリニックや練習会を開催しています。詳しくはホームページをご覧ください。

協力メンバー

たかはしやまと
高橋大和

中学、高校時代とオリンピックをめざしていたが、オリンピック出場を逃し、10 年近く水泳から遠ざかるという経歴を持っている。20 才代後半に水泳を再開。以後、自己記録を塗りかえ続けている。夢は 100 才での世界記録更新。物理学的な水泳理論に通じ、研究者としても高い評価を得ている。

やなぎさわしんぺい
柳澤晋平

山梨県出身、中央大学卒業。チーム風林火山所属で山梨県より国体出場 15 回を数えている。日本スポーツマスターズ平成 19 年滋賀大会 50m バタフライ 2 位、日本実業団 2005 年長野大会 4 位など、マスターズ公認レースで数々の優勝を果たしている。今回はバタフライを中心に担当。

まつもとひろし
松本弘

現世界マスターズチャンピオン。
昭和 11 年（1936 年）11 月 22 日生まれ。佐賀県出身、山梨県在住。小学時代から深く水泳競技にかかわり、選手としてのみならず、競技役員としても活動している。
これまで日本記録更新 40 回以上、世界新記録更新 35 回以上を果たし、まだまだ自己記録を伸ばし続けるスーパースイマー。

簾田千恵子
<ruby>簾<rt>み</rt></ruby><ruby>田<rt>す</rt></ruby><ruby>千<rt>だ</rt></ruby><ruby>恵<rt>ち</rt></ruby><ruby>子<rt>えこ</rt></ruby>

元々はバレーボール選手という異色のスイマー。バレーボールで膝を痛め、そのリハビリから30才代後半で水泳をはじめるという経歴を持っている。数々のマスターズ大会で優勝を飾り、遅くから水泳をはじめたスイマーたちの希望である。スタイル1は背泳ぎ。浮きや蹴伸びにも傑出した技術を見せてくれる。

丸山亮子
<ruby>丸<rt>まる</rt></ruby><ruby>山<rt>やま</rt></ruby><ruby>亮<rt>りょう</rt></ruby><ruby>子<rt>こ</rt></ruby>

佐久長聖高校から中京大学に進学。その過程でインターハイ優勝、ジュニアオリンピック優勝、学生選手権優勝、国体優勝と、ビッグタイトルを総なめにしている。オリンピック出場こそ逃したが、日本を代表するスイマーの一人である。スタイル1は平泳ぎだが、全種目に高い能力を見せてくれる。

角皆美穂
<ruby>角<rt>つの</rt></ruby><ruby>皆<rt>かい</rt></ruby><ruby>美<rt>み</rt></ruby><ruby>穂<rt>ほ</rt></ruby>

高校時代はソフトボール、東京女子体育大学時代は軟式野球部で活躍した。大学卒業後スポーツクラブでスイミングコーチとして活動した後、公立の教育センターに移り、スポーツ指導員として勤務。小学校の水泳指導にたずさわる他、中学校の水泳部コーチとして指導をおこなってきた。

日向将一
<ruby>日<rt>ひ</rt></ruby><ruby>向<rt>な</rt></ruby><ruby>将<rt>た</rt></ruby><ruby>一<rt>しょういち</rt></ruby>

全日本選手権優勝を含む、数々の輝かしい記録を持つ水泳指導者である。群馬県高崎市にある名門スイミングスクールのヘッドコーチを務め、日々オリンピック選手を含む一流選手から、生まれて初めて泳ごうという子どもや大人たちを指導している。スタイル1は背泳ぎで、みごとなバサロキックを見せてくれた。

望月一成
<ruby>望<rt>もち</rt></ruby><ruby>月<rt>づき</rt></ruby><ruby>一<rt>かず</rt></ruby><ruby>成<rt>なり</rt></ruby>
スポーツドクター

夢は、アスリートを育てること。スポーツ選手を育てるため医者になったという異色のスポーツドクターである。自らモーグルの現役選手としてトレーニングを続けながら、スポーツ医学を多角的に研究。スポーツ障害やトレーニング理論を研究し続けている。スイミングスクールに所属していた経験から水泳にも造詣が深い。

西澤光代
<ruby>西<rt>にし</rt></ruby><ruby>澤<rt>ざわ</rt></ruby><ruby>光<rt>みつ</rt></ruby><ruby>代<rt>よ</rt></ruby>

小学2〜4年までスイミングスクールに通う。その後、水泳から遠ざかっていたが、息子が水泳を始めたことをきっかけに、再開。勤務に合わせて時間を作り、練習を続けている。スタイル1は平泳ぎ。

撮影協力
びっくらんど小川
長野県小川村にあるきれいな温水プール。コーチの数名がよく練習に訪れています。
http://www.vill.ogawa.nagano.jp/kankou/bigland.htm

STAFF

●著　　者　角皆優人

●写真出演・制作協力
　　　　　松本 弘　柳澤晋平　高橋大和　丸山亮子　簾田千恵子
　　　　　日向将一　角皆美穂　西澤光代　望月一成

●撮　　影　深津壮大

●Ｄ Ｔ Ｐ　沖増岳二

●編　　集　ナイスク（https://naisg.com）
　　　　　松尾里央　岸 正章　崎山大希

●制作協力　F-style Club（http://swim-lesson.info/）
　　　　　びっくらんど小川
　　　　　長野運動公園総合運動場 総合市民プール「アクアウイング」

大人の水泳　新装版
知っておきたい上達&改善のコツ 50

2024年4月30日 第1版・第1刷発行

著 者　　　角皆 優人（つのかい まさひと）
発行者　　　株式会社メイツユニバーサルコンテンツ
　　　　　　代表者　大羽孝志
　　　　　　〒102-0093 東京都千代田区平河町一丁目 1-8
印 刷　　　株式会社厚徳社

◎『メイツ出版』は当社の商標です。

ご意見・ご感想はホームページから承っております
ウェブサイト https://www.mates-publishing.co.jp/

企画担当:堀明研斗/清岡香奈

※本書は2021年発行の『大人の水泳 知っておきたい上達&改善のコツ50 新版』の内
　容の確認と必要な修正を行い、装丁を変更して発行したものです。